LE DANUBE

ET LES INTÉRÊTS ÉCONOMIQUES DE L'EUROPE

PARIS

- 1919 -

LE DANUBE

et les Intérêts Économiques de l'Europe

LE DANUBE

ET LES INTÉRÊTS ÉCONOMIQUES

DE L'EUROPE

PARIS

1919

AVANT-PROPOS

Le Danube, aujourd'hui navigable sur une longueur de
2.600 kilomètres, entre Ulm et Sulina, met en relations
avec l'Orient les pays en pleine prospérité économique
de l'Europe centrale. Cependant cette voie navigable n'a
pas été aussi employée qu'elle aurait dû l'être.

Cet état de choses tient à deux motifs. D'abord l'Autriche-Hongrie, placée sur la partie moyenne du fleuve, dont
elle détient une longueur de 1.300 kilomètres, c'est-à-dire
la moitié de son cours navigable, a cherché à se servir
du Danube, comme voie de communication, uniquement
dans la limite que lui dictaient ses intérêts et en première ligne son commerce avec les pays riverains. Elle
n'a pas voulu que le Danube devînt une grande artère
de trafic, pour ne pas faciliter le commerce des autres
pays avec les Etats riverains, et pour que le fleuve ne fît
pas concurrence à ses ports de Trieste et de Fiume, au
développement desquels elle a consacré de si grands
efforts.

De plus, les autres puissances européennes n'ont pas
assez cherché à utiliser cette voie d'eau pour leur commerce. Elles ont dirigé leurs marchandises vers leurs
ports maritimes d'où elles étaient transportées, par des
navires, aux pays destinataires. De cette façon, les transports étaient effectués plus rapidement et à meilleur
compte que par le Danube, où la navigation rencontre
certaines difficultés provenant d'obstacles naturels que

les intéressés n'ont pas cherché à supprimer, afin de faire du Danube une voie facilement navigable. Leur principale préoccupation a été le développement de leur navigation maritime et de leurs ports de mer. que, dans leur conception de jadis, ils ne voulaient pas voir concurrencés par la navigation fluviale.

Un rapide coup d'œil historique sur le régime de la navigation sur le Danube, tel qu'il résulte des conventions internationales établies jusqu'à ce jour, et quelques observations d'ordre économique sur le trafic danubien, expliqueront l'importance de ce fleuve pour le commerce continental et mondial, et feront comprendre l'intérêt du problème danubien.

Les circonstances ont retardé jusqu'à ce jour la publication de notre travail, rédigé en partie avant le traité de Bucarest. Nous avons profité de ce délai pour le mettre au courant des dernières tentatives allemandes en vue d'accaparer le Danube. Le lecteur voudra bien nous excuser s'il est résulté de ces remaniements quelques discordances ou quelques redites.

I. — LA NAVIGATION SUR LE DANUBE ET LE DROIT INTERNATIONAL

Traité de Paris (30 mai 1814)

On sait que les représentants des puissances, réunis après la chute de Napoléon, obtinrent d'introduire dans le traité signé le 30 mai 1814, le principe de la liberté de navigation sur tout fleuve dont le cours traverse ou sépare plusieurs pays. Jusqu'alors, la navigation sur le Rhin n'était libre que pour la France et pour l'Allemagne, et les autres pays ne pouvaient utiliser le fleuve sans l'assentiment de ces deux puissances.

Dans le traité de Paris, il fut stipulé que la navigation sur le Rhin, à partir du point où il commence à devenir navigable, jusqu'à la mer, et réciproquement, serait libre pour tous les pays.

De même, il fut décidé que, dans un prochain Congrès des puissances, on s'occuperait de fixer les bases, d'après lesquelles pourraient être établies les taxes à percevoir par les pays riverains, de la façon la plus équitable et la plus favorable à toutes les nations. Le même Congrès devrait également statuer sur le moyen de faciliter les communications entre les peuples, et d'appliquer le régime de la liberté de navigation sur le Rhin à tous les autres fleuves qui, dans leurs cours navigables, séparent ou traversent plusieurs pays.

Congrès de Vienne (9 juin 1815)

Le Congrès qui s'ouvrit à Vienne le 9 juin 1815, décida également que la navigation sur les fleuves serait libre pour le commerce, du point où ils deviennent navigable jusqu'à leurs embouchures. Le Congrès établit également le système de perception des taxes, et décida que la police serait, autant que possible, la même pour tout le cours du fleuve. Quant aux taxes, elles devraient être uniformes, proportionnées et indépendantes de la nature des marchandises.

Malgré ces dispositions, certains Etats riverains ont cherché, par la suite, à donner une interprétation restrictive à l'article 109 du texte final du Congrès de Vienne, qui consacre le principe admis par le traité de Paris de 1814. Pour ce motif, la doctrine qui prévalut sur le Rhin est contraire à l'esprit des traités ci-dessus, et la liberté de navigation ne fut accordée qu'aux navires battant pavillon des pays riverains.

*
* *

Ces principes n'ont été appliqués au Danube qu'à partir de 1856, quand le Congrès de Paris eut déclaré le Danube fleuve international et la navigation sur ce fleuve, d'intérêt européen. Jusqu'alors, en effet, la Turquie comptait parmi ses territoires tout le bas Danube et ses embouchures. Cette puissance, ne faisant pas partie du concert européen, n'avait pu participer à l'établissement des traités qui réglementaient le régime de la navigation sur les fleuves internationaux. Avant le traité de 1856, le Danube fut soumis à différents régimes, et plusieurs traités particls furent conclus pour réglementer la navigation dans ses eaux. Ainsi, en 1718, un traité fut conclu à Passarovitz entre l'Autriche et la Turquie; il reconnaissait la liberté de navigation sur le Danube, même pour les pays non riverains.

Il fut renouvelé en 1739 à Belgrade, et en 1784 à **Constantinople.**

En 1812, dans le traité de paix de Bucarest entre la Russie et la Turquie, il fut stipulé que la navigation sur le Danube resterait commune aux deux puissances, et que leurs navires de commerce auraient, comme auparavant, libre entrée et libre parcours sur le fleuve. Ainsi, à partir de cette date, la liberté de navigation sur le bas Danube, reste limitée aux deux pays riverains.

Un autre traité fut signé entre les deux mêmes puissances à Ackermann, en 1826, et un autre encore, à Andrinople, en 1829. Il y fut stipulé que la navigation serait libre, sur tout le cours du bas Danube, seulement pour les navires des deux parties contractantes.

A la suite de ces traités, la Russie prit possession des trois embouchures du Danube, et les navires de commerce ottomans ne purent pénétrer dans le fleuve que par les embouchures de Sulina et de Chilia.

TRAITÉ DE SAINT-PÉTERSBOURG (1840)

En 1840, intervient le traité de Saint-Pétersbourg entre la Russie et l'Autriche, traité qui concernait spécialement la navigation sur le Danube. Il y était stipulé entre autres que la navigation sur tout le cours du Danube serait complètement libre pour les marchandises transportées à bord de steamers russes ou autrichiens; que le gouvernement de la Russie s'obligeait à commencer au plus tôt les travaux nécessaires afin d'empêcher l'ensablement de l'embouchure de Sulina, et de rendre le bras de Sulina navigable.

Comme les travaux ne s'effectuaient pas de façon sérieuse — la Russie voyant que seule l'Autriche, qui possédait des navires à vapeur, pouvait profiter de cette clause — l'embouchure de Sulina s'ensabla de telle façon qu'en 1853 on ne pouvait plus naviguer sur ce bras du fleuve avec un tirant d'eau supérieur à 2 mètres 10.

Pour ce motif, les représentants des puissances européennes, à Vienne, intervinrent, en 1854, auprès du prince Gortchakoff, représentant de la Russie, demandant que le bas Danube fût placé sous le contrôle d'une autorité syndicale permanente. La conséquence de cette intervention fut que les représentants des grandes puissances tombèrent d'accord, dans la séance du 23 mars 1855, sur les points suivants :

La partie du Danube comprise depuis le point où il devient commun à l'Autriche et à la Turquie, jusqu'à la mer, est placée sous l'autorité commune des riverains, et les principes du traité de Vienne de 1815 lui sont applicables.

Une « Commission Européenne » est créée. Elle se compose de délégués de chacune des grandes puissances, qui seront chargées de déterminer les travaux à exécuter pour faire disparaître les obstacles à la navigation entre Galatz et la mer.

Cette Commission, qui ne pourra être dissoute que par le consentement commun de ses membres, jettera les bases d'un règlement de la navigation maritime et fluviale, ainsi que d'un projet d'instructions qui devront servir de guide et de règles à une autre Commission composée de délégués des trois Etats riverains : l'Autriche, la Russie et la Turquie.

En vertu de cet accord, le Danube était divisé en deux parties : l'une partant du point où le fleuve est navigable pour aller jusqu'à l'endroit où il devient commun à l'Autriche et à la Turquie, pays suzerain de la Valachie, de la Moldavie et de la Serbie ; l'autre commençant à ce dernier point, et se prolongeant jusqu'à la mer. La première

partie restait sous l'administration de l'Autriche, tandis
que la seconde était placée sous l'administration et le
contrôle de l'Europe. C'était là une dérogation aux principes du traité de Vienne, qui prévoit un régime unique
pour tout le cours navigable des fleuves internationaux.

Cette dérogation a été demandée par l'Autriche, qui
désirait rester seule maîtresse de la navigation sur le
haut Danube. Cependant, au cours des discussions qui
eurent lieu, du 23 mars 1855 au 1ᵉʳ février 1856, date où
les préliminaires de la paix furent signés à Vienne, il fut
décidé que la liberté de navigation sur le Danube serait
placée sous la garantie du droit public européen.

Des débats qui suivirent, il ressort que ce retour aux
vieux principes est dû aux représentants de la France et
de l'Angleterre, qui combattirent la proposition faite par
l'Autriche de diviser en deux parties le cours du Danube,
en excluant une de ces parties du régime commun, attendu
que cette disposition pouvait donner à l'Autriche une prépondérance qui lui assurait des avantages exclusifs.

Traité de Paris (30 mars 1856)

Dans le traité de Paris, signé le 30 mars 1856, il fut
stipulé ce qui suit :

« L'acte du Congrès de Vienne établissant les principes
destinés à réglementer la navigation sur les fleuves qui
séparent ou traversent plusieurs Etats, les puissances contractantes au Congrès de 1856 stipulent entre elles qu'à
l'avenir ces principes seront appliqués également au
Danube et à ses embouchures. Elles déclarent que ces
dispositions font dorénavant partie du droit public européen, et les prennent sous leur garantie. Aucun empê-
chement ne pourra être apporté à la navigation sur le
Danube, laquelle ne pourra être frappée d'aucune taxe qui
ne soit pas expressément prévue dans les stipulations que
contiennent les articles suivants. »

Le Congrès de Paris a décidé aussi :

1° De créer une « Commission Européenne » provisoire, composée des représentants de toutes les puissances signataires, ayant pour mission de faire exécuter les travaux nécessaires de dragage aux embouchures du Danube, depuis Isaccea jusqu'au point où le fleuve se jette dans la mer, afin de mettre ces bouches dans les meilleures conditions possibles de navigabilité.

2° D'autoriser la Commission, pour couvrir les dépenses occasionnées par les travaux, à voter les taxes à percevoir sur les navires de toutes nationalités, afin de recueillir les fonds nécessaires.

3° D'instituer une Commission riveraine permanente, composée de représentants de tous les Etats riverains : Wurtemberg, Bavière, Autriche-Hongrie et Sublime-Porte et de commissaires des principautés danubiennes (Moldavie et Valachie) et de la Serbie, avec le droit d'élaborer les règlements de navigation et de police fluviale, sous réserve de leur approbation ultérieure par la Commission européenne; de faire disparaître les obstacles de toute nature qui s'opposent à l'application des dispositions du Congrès de Vienne de 1815; d'ordonner et d'exécuter les travaux nécessaires pour tout le cours du Danube et de veiller, après la dissolution de la Commission européenne, à la navigabilité des bouches du Danube, ainsi que d'exercer tous les pouvoirs dont cette Commission sera investie jusqu'à cette époque.

Les deux Commissions devraient terminer leurs travaux dans le délai de deux ans; après quoi elles devraient se réunir en Conférence pour se communiquer les résultats acquis. La dissolution de la Commission européenne serait alors prononcée, et la Commission riveraine devait continuer son œuvre, en jouissant des mêmes pouvoirs.

Pour assurer d'un commun accord l'exécution des règlements selon les principes énoncés dans le traité, les Etats signataires obtinrent le droit de faire stationner deux bâtiments légers aux bouches du Danube.

Le Congrès de Paris remit en vigueur, avec l'interprétation la plus large, les principes du Congrès de Vienne de 1815 : il décida la liberté absolue de navigation sur le Danube tout entier pour les marchandises et les navires de tous pays, riverains ou non.

Traité du 19 août 1858

En 1858, le délai de deux ans, fixé pour l'existence de la Commission européenne prenait fin. La question de l'existence de la Commission fut remise en discussion. Mais les représentants de la France, de l'Angleterre, de la Prusse, de la Russie, de la Sardaigne et de la Turquie, réunis à Paris, demandèrent à prolonger son mandat jusqu'à l'achèvement des travaux. Le représentant de l'Autriche s'opposa à cette proposition, déclarant que, sur ce point, son gouvernement s'entendrait, par voie diplomatique, avec les gouvernements des autres puissances signataires du Traité de Paris de 1856.

A cette occasion, l'on examina l'acte public du 7 novembre 1857, de la Commission riveraine, acte rédigé à Vienne, conformément aux prévisions du traité de Paris.

La Conférence devait prendre acte des travaux exécutés par la Commission européenne, prononcer sa dissolution, et la remplacer par la Commission riveraine permanente. Mais les représentants des puissances signataires du traité de Paris virent que dans cet acte on avait introduit une distinction entre la navigation intérieure et la navigation à la fois fluviale et maritime, distinction qui n'était pas prévue dans le traité de Paris. Ainsi à l'article 5 de l'acte public, il était dit que la navigation de la mer à l'un des ports danubiens, et réciproquement, restait libre pour les navires de toutes les nations et, à l'article 8, que l'exercice de la navigation fluviale proprement dite — entre les ports danubiens, sans entrer en mer, était réservé aux navires des pays riverains du fleuve.

L'Autriche demanda la dissolution de la Commission européenne et son remplacement par la Commission riveraine permanente. Les représentants des puissances — voyant que l'Autriche seule possédait une flotte de commerce sur ce fleuve, et, d'autre part, se rendant compte de l'importance des travaux aux embouchures du Danube, travaux qui exigeaient un délai très long pour leur achèvement — n'approuvèrent pas l'acte public, qui avait été rédigé par l'Autriche, et repoussèrent la proposition de cette puissance.

Il fut décidé de même que l'existence de la Commission européenne serait prolongée d'année en année.

Toujours à la Conférence de 1858, le représentant de l'Angleterre attira l'attention des représentants des autres pays sur la nécessité d'améliorer aussi la navigation aux Portes de Fer. Le représentant de l'Autriche répondit que son gouvernement s'intéressait vivement à l'amélioration de la navigation sur cette partie du fleuve.

Conférence de Paris (28 mars 1866)

Une nouvelle conférence eut lieu à Paris, le 28 mars 1866 : elle avait pour objet la navigation sur le Danube. A cette conférence, on admit la prolongation de l'existence de la Commission européenne pour cinq ans encore, c'est-à-dire jusqu'en 1871 ; et quand le représentant de la Russie demanda qu'il lui fût remis un texte définitif de l'acte de navigation établi en 1857, et qui n'avait pas été admis, le représentant de l'Autriche-Hongrie répondit qu'il soumettrait le cas à son gouvernement, lequel communiquerait ses vues aux puissances signataires du traité de Paris.

Conférence de Londres (3 février 1871)

Le nouveau délai, de cinq ans d'existence, accordé à la Commission européenne expirait le 24 août 1871. En conséquence, une nouvelle Conférence eut lieu à Londres. Elle s'ouvrit le 3 février 1871. On y décida la prolongation de la Commission européenne pour deux années encore, c'est-à-dire jusqu'au 24 août 1873. C'est à cette date qu'expirait le délai d'amortissement de l'emprunt contracté par cette Commission, sous la garantie de la France, de l'Allemagne, de l'Autriche-Hongrie, de la Grande-Bretagne, de l'Italie et de la Turquie. On accorda à la Russie le droit d'avoir n'importe quelle flotte de guerre dans la mer Noire. Jusqu'alors, le nombre des navires de guerre russes dans cette mer était limité. Quant à la Turquie, on lui conserva le droit d'ouvrir et de fermer les Détroits, comme il avait été décidé en 1856. L'Autriche, pour prix de son adhésion à cette prolongation d'existence de la Commission Européenne, obtint un commencement de domination aux Portes de Fer.

En effet, la Conférence stipulait que les puissances riveraines de la partie du Danube où les cataractes et les Portes de Fer empêchent la navigation, se réservaient le droit de s'entendre afin de faire disparaître ces obstacles, et les parties contractantes leur reconnurent le droit de percevoir une taxe sur leurs vaisseaux de commerce, quel que fût le pavillon, jusqu'à la complète extinction de la dette conctractée pour l'exécution des travaux. Il fut déclaré en même temps que l'article 51 du traité de 1856 était inapplicable pour cette partie du fleuve, pendant tout le temps nécessaire au payement de la dette en question.

Ce droit, que les puissances riveraines de cette partie du Danube se réservaient était, de fait, profitable seulement à l'Autriche-Hongrie, attendu qu'en dehors d'elle, il n'y avait que la Turquie qui fût puissance riveraine, et celle-ci se désintéressait de ces travaux.

L'Autriche-Hongrie chercha à exécuter elle-même les ouvrages, dans la crainte qu'en les confiant à une commission des riverains de tout le Danube navigable, ceux-ci ne vinssent à réclamer, pour le Danube entier, un régime unique, ce qui ne lui convenait pas, attendu qu'elle a toujours cherché à éluder l'immixtion de l'Europe dans les questions concernant la région du haut Danube.

Congrès de Berlin (13 juillet 1878)

Le Congrès de Berlin, qui eut lieu à la suite de la guerre russo-roumano-turque, a stipulé ce qui suit, dans le traité signé le 13 juillet 1878 :

1° Pour augmenter les garanties assurant la liberté de navigation sur le Danube, liberté reconnue comme étant d'intérêt européen, les puissances contractantes décident que toutes les forteresses et fortifications qui se trouvent sur les rives du Danube, depuis les Portes de Fer jusqu'aux bouches du fleuve, seront démantelées, et qu'aucune nouvelle fortification ne devra être construite. Aucun navire de guerre ne sera autorisé à naviguer sur le Danube en aval des Portes de Fer, sauf les bâtiments légers destinés à la police fluviale et au service des douanes. Il est décidé aussi que les stationnaires des embouchures du Danube pourront remonter ce fleuve jusqu'à Galatz.

2° La Commission européenne du Danube au sein de laquelle la Roumanie doit être désormais représentée, est maintenue dans ses fonctions, qu'elle exercera jusqu'à Galatz dans une complète indépendance de toute autorité territoriale. Tous les traités, actes et décisions concernant ses droits, privilèges et obligations sont confirmés.

3° Une année avant l'expiration du délai fixé pour la durée de la Commission européenne, les puissances s'entendront sur la prolongation de ce délai, et sur les modifications qu'elles croiront nécessaires.

4° Les règlements de navigation, de police fluviale et de surveillance, depuis les Portes de Fer jusqu'à Galatz, seront établis par la Commission Européenne du Danube, assistée de délégués des Etats riverains, et mis en harmonie avec ceux qui ont été ou seront admis pour la partie du fleuve en aval de Galatz.

5° La Commission Européenne du Danube s'occupera de l'entretien du phare de l'île des Serpents.

6° Les travaux pour la suppression des obstacles que les Portes de Fer et les cataractes opposent à la navigation, sont confiés à l'Autriche-Hongrie. Les Etats riverains de cette partie du fleuve donneront toutes facilités pour l'exécution de ces travaux.

Les dispositions de l'article 6 du traité de Londres, du 13 mars 1871, concernant le droit de percevoir une taxe provisoire pour couvrir les dépenses occasionnées par ces travaux, sont maintenues en faveur de l'Autriche-Hongrie.

Ainsi le traité de Berlin rend la Commission Européenne indépendante des autorités locales, et étend son ressort jusqu'à Galatz. Il impose aux Etats riverains de la partie du Danube comprise entre les Portes de Fer et les embouchures du fleuve, l'obligation de démanteler les fortifications et demande à la Roumanie et à la Serbie de donner des facilités à l'Autriche-Hongrie, facilités que celle-ci désire, soi-disant dans l'intérêt des travaux aux Portes de Fer.

En imposant à la Roumanie de laisser exécuter, par une seule puissance, des travaux sur son territoire, le traité de Berlin s'est mis en contradiction avec le traité de Paris de 1856, lequel avait décidé que la Commission riveraine exécuterait les travaux nécessaires sur tout le parcours du

Danube. Il contredit également le traité de Londres, qui stipulait que ces travaux ne pourraient être exécutés que d'accord avec les riverains.

Le traité de Berlin enlève aussi à la Commission des Etats riverains de tout le Danube le droit d'établir des règlements de navigation, de police fluviale et de surveillance.

Comme, dans le traité de Berlin, il était stipulé que les règlements de navigation, de police fluviale et de surveillance des Portes de Fer à Galatz, seraient établis par la Commission Européenne, assistée des délégués des Etats riverains, et comme l'application de ces règlements devait, d'après le traité de Paris, être faite par la Commission riveraine, qui ne devait commencer à exister qu'au moment où la Commission Européenne cesserait de fonctionner, l'application des règlements devenait impossible, étant donné que l'existence de la Commission Européenne se trouvait sans cesse prolongée.

Acte de la Commission Européenne du Danube
(27 mai 1882)

Etant donné cette situation, la Commission Européenne du Danube, dans sa séance du 27 mai 1882, a proposé la création d'une Commission mixte, pour l'application des règlements de navigation et de police fluviale. Cette Commission eût été composée de représentants de la Roumanie, de la Serbie, de la Bulgarie et de l'Autriche-Hongrie; on avait même réservé la présidence à cette dernière par convenance et courtoisie, bien qu'elle ne fût pas riveraine de cette partie du fleuve.

De cette Commission mixte aurait fait partie également un membre de la Commission Européenne. La Roumanie s'opposa à la création de cette Commission mixte, attendu qu'aucun traité ne prévoyait que l'exécution des règlements et la surveillance dussent être exercés par d'autres

que les Etats riverains ; car, sur tous les fleuves communs,
le droit d'exécution a été reconnu comme un droit inhérent
à la souveraineté territoriale ; et cela d'autant plus que la
Commission mixte se proposait d'exercer, non seulement
le droit de surveillance, mais aussi une série d'attributions
législatives, exécutives et judiciaires, de nature à porter
atteinte à la souveraineté des riverains.

Le délégué roumain proposa, en conséquence, que le
soin de faire observer les règlements fût confié aux pays
riverains de cette partie du Danube, et que la surveillance
de l'exécution fût confiée à une Commission composée
d'un délégué de la Roumanie, de la Serbie et de la Bulgarie, pays riverains, et de deux délégués de la Commission Européenne qui seraient choisis, dans l'ordre alpha-
bétique, de six en six mois. La tâche de cette Commission, d'après le projet roumain, était d'observer la stricte
application, par les riverains, des règlements de navigation élaborés par la Commission Européenne, assistée de
délégués des Etats riverains.

N'ayant pas obtenu l'unanimité des voix, parce que la
Roumanie n'avait pas adhéré à l'opinion des autres membres de la Commission Européenne, l'examen de la question fut ajourné jusqu'à la Conférence de Londres, qui
devait décider aussi sur la question de la prolongation de
l'existence de la Commission Européenne, dont le mandat
expirait en 1883.

Conférence de Londres (1883)

Dans le traité signé à l'issue de la Conférence de Londres, le 10 mars 1883, il fût stipulé ce qui suit :

1° La juridiction de la Commission Européenne du
Danube s'étendra jusqu'à Braïla.

2° Les pouvoirs de la Commission Européenne du
Danube sont prorogés pour une période de vingt et un
ans, à partir du 24 avril 1883. A l'expiration de cette

période, les pouvoirs de la susdite Commission pourront être renouvelés, par tacite reconduction, de trois ans en trois ans, en dehors du cas où l'une des parties contractantes notifierait, avant l'expiration de chaque période triennale, l'intention de proposer des modifications à la composition de la Commission ou à ses pouvoirs.

3° La Commission Européenne n'exercera pas un contrôle effectif sur les parties du bras de Chilia où les deux rives appartiennent à l'un seulement des riverains de ce bras.

4° Pour la partie du bras de Chilia qui traverse en même temps le territoire russe et le territoire roumain, on appliquera, par l'intermédiaire des délégués de la Russie et de la Roumanie à la Commission Européenne, les règlements en vigueur sur le bras de Sulina, dans le but d'assurer l'uniformité du régime sur le Danube.

5° Dans le cas où, soit la Russie, soit la Roumanie, entreprendrait des travaux sur le bras mixte ou dans les portions du bras où les deux rives appartiennent en entier à l'une ou à l'autre, les autorités compétentes feront connaître à la Commission Européenne les plans des travaux, afin de constater si ces travaux ne portent pas préjudice à l'état de navigabilité des autres bras.

Les travaux qui ont été déjà exécutés au Tchatal d'Ismaïl restent à la charge et sous le contrôle de la Commission Européenne du Danube.

6° Il est bien entendu qu'aucune restriction ne pourra être opposée aux droits de la Russie en ce qui concerne la perception des taxes (sur les navires), destinées à couvrir les frais des travaux entrepris par elle. Cependant, en vue de défendre les intérêts réciproques de la navigation sur les bras de Sulina et de Chilia et afin d'assurer une entente à ce sujet, le gouvernement de la Russie fera connaître aux gouvernements représentés dans la Commission Européenne, les taxes qu'il croira nécessaires d'introduire.

7° Le règlement de navigation, de police fluviale et de surveillance, élaboré le 2 juin 1882 par la Commission Européenne, avec l'assistance des délégués de la Serbie et de la Bulgarie, est admis, tel qu'il se trouve annexé au présent traité, et il est déclaré applicable pour la partie du Danube située entre les Portes de Fer et Braïla.

8° Tous les traités, conventions, actes et arrangements relatifs au Danube et à ses embouchures sont maintenus dans toutes les dispositions qui ne sont pas abrogées ou modifiées par les stipulations ci-dessus.

9° Le présent traité sera ratifié : les ratifications seront échangées à Londres dans le délai de six mois, et plus prochainement encore, si c'est possible.

On sait que la Roumanie n'a pas pris part à la Conférence de Londres parce que l'ambassadeur d'Allemagne s'y est opposé, bien que la Roumanie fît partie de la Commission Européenne. Le motif invoqué fut qu'en donnant à la Roumanie le droit de vote, on lui créerait une situation qui n'était pas à désirer, parce qu'elle pourrait opposer son *veto*, si elle le jugeait utile. On ne laissa à la Roumanie, ainsi qu'à la Serbie, que voix consultative.

Cette décision, tout au moins en ce qui concerne la Roumanie, était injuste pour les motifs suivants :

1° La Roumanie devait être admise à cette Conférence en vertu du grand principe d'égalité des Etats indépendants.

2° La Roumanie, conformément au traité de Berlin, est représentée, au sein de la Commission Européenne, sur le même pied que les autres puissances.

3° L'article 4 du Congrès d'Aix-la-Chapelle, du 15 novembre 1816, stipulait : « Au cas où des réunions internationales auraient lieu afin de décider sur certaines affaires spécialement liées aux intérêts des autres Etats de l'Europe, elles ne pourraient avoir lieu que sous la réserve expresse du droit, pour ces derniers Etats, de participer à ces réunions. »

4° Les principautés de Moldavie et de Valachie ont pris part aux Conférences des Etats riverains et ont signé l'acte public de 1857, quand elles étaient encore placées sous la suzeraineté de la Sublime-Porte.

5° La Roumanie a signé l'acte additionnel du 28 mai 1881.

6° La Roumanie étant déclarée indépendante, elle a succédé à la Turquie dans tous ses droits sur le Danube, sans aucune restriction. Donc, la Turquie ayant pris part, depuis 1856, à tous les traités et conférences relatifs au Danube, la Roumanie lui succédant, sur la rive gauche, d'Orshova jusqu'à la mer Noire et, sur la rive droite, depuis Silistrie jusqu'à la mer, elle ne devait pas être exclue de la conférence de Londres, où l'on a traité justement de ces parties du fleuve.

7° La souveraineté de la Roumanie aux bouches du Danube a été déclarée par le traité de Berlin. Elle devait donc se prononcer directement, comme toutes les autres puissances, touchant toutes les questions relatives à la Commission Européenne, dans laquelle son représentant avait les mêmes droits que ceux des autres puissances.

Le représentant de l'Autriche-Hongrie a demandé que les stipulations de la Conférence de Londres fussent déclarées exécutoires, mais la Roumanie n'ayant pas été admise à cette conférence, les travaux de celle-ci, en ce qui concerne la portion du Danube comprise entre les Portes de Fer et Braïla sont restées lettre morte, n'ayant d'autre résultat que de mettre la Russie en possession du bras de Chilia.

Cette fois, l'Autriche n'a pas obtenu le profit qu'elle escomptait, et qui devait affermir davantage sa situation sur le Danube.

Ainsi la Roumanie, par son attitude décidée et consciente, a empêché l'établissement sur le bas Danube d'un régime de navigation contraire aux principes du droit public établi en matière de navigation fluviale, et qui aurait été préjudiciable aux intérêts commerciaux de l'Europe.

**

L'historique ci-dessus de la législation relative à la navigation sur les fleuves qui séparent ou traversent plusieurs pays, indique que l'Europe s'est prononcée en général pour les principes suivants :

Que la navigation soit libre, sur tout leur cours navigable, tant pour les riverains que pour les non-riverains.

Que les règlements de navigation et de police fluviale, ainsi que les taxes, soient établis par les puissances européennes, en tant qu'elles y sont intéressées, pour leur commerce sur ces fleuves.

Que l'application de ces règlements, ainsi que la perception des taxes établies soient faites par les puissances riveraines de ces fleuves.

Cet historique montre encore que si parfois des dérogations à ces principes ont eu lieu, notamment en ce qui concerne le Danube, le fait s'est produit à la suite des demandes de l'Autriche-Hongrie, qui a cherché à profiter de toutes les circonstances pour assurer sa prépondérance sur ce fleuve et pour en soustraire une partie au contrôle de l'Europe ; si bien qu'aujourd'hui, au lieu d'un régime unique pour tout le cours navigable du Danube, il en existe, à cause de l'Autriche-Hongrie, plusieurs, dont nous nous occuperons plus loin.

II. — L'ŒUVRE DE L'EUROPE

Née de conflits d'intérêts politiques et économiques aux bouches du Danube, entre les grandes puissances de l'Europe, la Commission Européenne appelée à l'existence par l'article 57 de la Convention de Paris, commence ses travaux dès la première année de son existence.

Quelques années après, en 1865, l'Europe constatant que la Commission Européenne du Danube réalise dans le régime de la navigation de sérieuses améliorations, qui, dans l'intérêt du commerce international, doivent être continuées et consolidées, décide de consacrer l'existence de la Commission du Danube par une formule juridique de droit public international, qui trouve son expression dans l'acte public de 1865, relatif à la navigation et à la police des bouches du Danube, acte approuvé par la conférence de Paris du 23 mars 1866.

Conformément aux prescriptions de cet acte, la Commission Européenne est placée sous le régime du droit international public garanti par les puissances.

Parmi ses privilèges exclusifs figure l'exécution de tous travaux d'améliorations aux bouches du Danube, sur les bras de Sulina et de Saint-Georges, et l'élaboration des règlements de navigation et de police fluviale sur les bouches du Danube, jusqu'à Isaccea.

Mais en ce qui concerne l'exécution, elle est placée sous l'autorité et la surveillance d'un inspecteur général du Bas-

Danube, et du capitaine de port de Sulina, tous les deux nommés par la Sublime-Porte, qui symbolisait alors la puissance territoriale aux bouches du Danube.

En d'autres termes, la Commission Européenne du Danube a reçu le droit de légiférer dans le domaine de la navigation fluviale aux bouches du Danube, en respectant les prescriptions du droit international public, le droit d'exécution de la puissance territoriale, afin de ne pas porter atteinte aux prérogatives de souveraineté.

La conférence de Londres de 1871 accorde à la Commission Européenne la neutralité en temps de guerre.

En vertu du traité de Berlin de 1878, les Turcs abandonnent les bouches du Danube, qui passent dans le domaine politique de l'Etat roumain. La Roumanie comme souverain libre, indépendant, maître des bouches du Danube, est admise dans le concert des mandataires des intérêts européens sur le Danube, et à la Commission Danubienne. Mais en opérant ce changement, le traité de Berlin préparait comme compensation, par l'article 55, l'hégémonie de l'Autriche sur le bas Danube, et par l'article 53, il introduisait une clause qui s'accordait mal avec l'intérêt de consolidation politique de l'Etat roumain aux bouches du Danube, affirmé jusqu'alors si puissamment par le traité de 1856. Un alinéa de l'art. 53 prévoit, en effet, que la Commission Européenne du Danube fonctionne dans une complète indépendance vis-à-vis de l'autorité territoriale. En d'autres termes, le traité de Berlin annihile le principe de la souveraineté de l'Etat territorial, en ce qui concerne l'application des règlements de police et de navigation fluviale, sur cette partie du bas Danube, souveraineté dont la Turquie avait joui jusqu'alors.

Le Congrès de Berlin a porté de cette façon atteinte à l'œuvre établie dans l'intérêt général européen avec le concours éclairé de l'Angleterre et de la France. Cette manœuvre avait pour but, comme on le vit plus tard, de favoriser les aspirations d'hégémonie économique et l'immixtion politique de minorités qui ne manquèrent pas l'occasion d'affirmer leur volonté. C'est ce qui explique ce fait : à la place des agents de la Turquie près de la Commission Européenne, un inspecteur général allemand fut nommé pour tout le parcours du domaine de la Commission, et un inspecteur autrichien à la capitainerie du port de Sulina.

La Roumanie, jetant ses intérêts dans la balance, a protesté auprès de la Russie contre ces atteintes à sa souveraineté, à l'occasion de l'acte public additionnel de 1881.

∗
∗ ∗

Mais examinons sommairement l'œuvre technique grandiose de la Commission Européenne et voyons quels en ont été les effets bienfaisants pour le commerce mondial.

La Commission Européenne, après avoir fait les études nécessaires au sujet des travaux qui devaient être entrepris, après avoir examiné les différentes propositions et les projets présentés pour les trois bras principaux que comprend le delta du Danube, a décidé, pour des motifs techniques — on a vu plus tard qu'ils étaient fondés — d'exécuter des travaux d'amélioration dans le bras de Sulina.

Ce bras d'ailleurs servait déjà aux navires venant de la mer, car il avait une profondeur plus grande que les autres.

Le projet de ces travaux a été établi par l'ingénieur anglais Hartley, qui, d'abord comme ingénieur résidant et ensuite comme ingénieur conseil, en a dirigé et surveillé l'exécution pendant les premières années.

En 1860, la profondeur à l'embouchure du bras de Sulina n'était que de 2 m. 40 et seuls les bâtiments de 200 tonneaux au plus pouvaient naviguer dans ses eaux, sans être allégés à Sulina pour sortir du fleuve. Les autres devaient être allégés, puis rechargés dans la rade. Cette opération était cause de grands dommages : les allèges, en effet, devaient être ramenées sur le Danube pendant les tempêtes, car elles étaient incapables de tenir la mer par gros temps ; et nombre d'entre elles coulaient, faute de pouvoir être assez rapidement ramenées sur le fleuve. De même les grands navires mouillés en rade étaient souvent poussés par la tempête vers la côte, où ils s'échouaient.

A la suite des travaux exécutés, les cas où les bateaux doivent être allégés à Sulina pour sortir en rade et compléter ensuite leur chargement, sont devenus très rares. En général, à peu près tous les bateaux, avec leur cargaison, trouvent une profondeur suffisante pour gagner la mer.

En dehors des premières dépenses faites en 1857-1860 par le gouvernement turc, la Commission Européenne a exécuté les travaux projetés avec les sommes provenant des taxes, lesquelles ont aussi servi à amortir les emprunts contractés au début.

Les taxes de la Commission ont subi souvent des modifications. Le premier tarif, établi en 1860, a été modifié en 1863, 1867, 1880, 1882, 1889, 1890 et 1902. Toujours l'on a maintenu le principe que les taxes seraient les mêmes pour les navires de toutes les nations, quelle que fût la nature de leur cargaison ; toutes ont été établies en rapport avec le tonnage des navires.

Au début, le premier tarif (1860) prévoyait une taxe de 1 fr. 20 jusqu'à 3 fr. 75 la tonne registre net, pour les navires jaugeant de 30 à 300 tonnes. Peu à peu, pendant que s'exécutaient les travaux d'amélioration, le tonnage des navires qui entraient dans le Danube augmenta, jusqu'à atteindre 3.500 tonnes registre ; ce qui décida la Commission, tout en conservant des taxes proportionnelles au tonnage, à les réduire considérablement.

Ainsi, aujourd'hui, un vapeur de 1.500 tonnes registre net paye 1 fr. 10 par tonne, s'il navigue dans les eaux de Sulina, et 1 fr. 70 s'il navigue sur le Danube en amont de Sulina.

Ces taxes se réduisent à 80 pour cent si le même bateau fait au moins deux voyages sur le Danube dans la même année. Un bateau de grandeur moyenne pour le Danube, de 3.200 tonnes registre par exemple, qui entrerait vide sur le Danube pour charger complètement, c'est-à-dire pour prendre environ 6.500 tonnes dans les ports en amont de Sulina, paye :

la taxe de navigation :

3.200 × 1,70	5.440	»
la taxe sanitaire	210	»
Total	5.650	»

Ce qui revient à 0 fr. 87 par tonne de chargement.

Au second voyage que ce bateau fera au cours de la même année, ce qui arrive dans la majorité des cas, la taxe par tonne pour ce transport serait seulement de 0,87 × 0,80, soit 0 fr. 70; si bien que la moyenne pour les deux voyages est de 0 fr. 78 par 1.000 kilos de marchandises.

Cette taxe s'abaisse encore davantage pour les navires qui entrent et sortent chargés. Ainsi un bateau semblable qui apporterait 6.500 tonnes de charbon et partirait chargé de 6.500 tonnes de céréales, faisant dans les mêmes conditions deux voyages au cours de la même année, payerait comme taxe moyenne, par tonne de chargement, 0 fr. 40.

Mais si ce bateau ne naviguait que dans les eaux de Sulina, sans remonter en amont de ce port, les taxes seraient :

Fr. 0,57 au lieu de fr. 0,87
» 0,46 » 0,70
» 0,52 » 0,78
» 0,26 » 0,40

Donc, les taxes de la Commission, pour des navires d'une même capacité, varient de 2 fr. 60 à 8 fr. 70 par 10 tonnes de chargement, suivant que le navire reste dans les eaux de Sulina ou remonte le fleuve au delà de ce port, selon qu'il fait un ou deux voyages par an sur le Danube, et selon qu'il est ou non chargé à l'aller et au retour.

Les facilités données par la Commission de navigation et les faibles taux appliqués sont causes que le trafic danubien a sensiblement augmenté. Ainsi, en 1856, le tonnage total des navires entrés sur le Danube était de 318.000 tonnes registre net, et, en 1913, il a représenté 1.712.000 tonnes registre net.

De l'exportation roumaine en céréales, qui, en 1909 et 1910, fut en moyenne de 438.000 wagons de 10 tonnes, il est sorti par les bouches du Danube, 321.000 wagons, c'est-à-dire 73 pour cent de l'exportation totale. Le reste (27 pour cent) a été exporté : 30.800 wagons (soit 7 pour cent) par voie ferrée, et 86.000 wagons (soit 20 pour cent) par le port de Constantza.

L'importation a été en moyenne, au cours de ces deux années, de 80.000 wagons. Par les bouches du Danube, il vint 38.000 wagons, soit 47 pour cent; par voie ferrée et par le haut Danube, 23.000 wagons, soit 29 pour cent.

Le pourcentage élevé de l'importation par voie ferrée et par le haut Danube s'explique par le fait que la plus grande partie des marchandises importées en Roumanie viennent d'Allemagne et d'Autriche.

L'exportation et l'importation de la Roumanie, pendant les années 1909 et 1910, a été en moyenne de 518.000 wagons, dont 360.000 empruntèrent la voie des bouches du Danube, c'est-à-dire 70 pour cent du trafic total.

Ces données montrent la grande importance du Danube, tant pour la Roumanie que pour le commerce européen intérieur, ainsi que pour l'exportation et l'importation en Roumanie, et dans les autres pays riverains de ce fleuve. Si la Roumanie a vu s'élever son trafic de 179 millions, en 1860, à 1 milliard 261 millions en 1911, cela est dû en grande partie aux travaux de la Commission Européenne aux bouches du Danube. Ces travaux ont facilité l'exportation de la Roumanie de telle façon qu'elle a pu lutter contre les pays concurrents et se développer au point de vue économique, ce qui a eu pour conséquence l'augmentation de ses importations.

La Roumanie ne peut être aujourd'hui que reconnaissante à cette institution qui a rendu d'appréciables services au commerce européen, services dont le pays a profité aussi dans une large mesure.

La mer Noire étant le lien entre l'Orient et l'Occident, ou pour mieux dire, entre l'Europe et l'Asie, et le Danube étant la prolongation de ce lien, il est facile de comprendre combien l'Europe a intérêt à ce que ce fleuve soit libre et ouvert à la navigation de tous les pays et, en même temps, combien est juste la cause de la Roumanie qui, au lieu de revendiquer des droits exclusifs de puissance territoriale, préfère se solidariser avec l'Europe entière au sujet de cette large voie du commerce général, et demande ellemême le maintien des bouches du Danube à la Commission Internationale comme une garantie de paix et de libre concurrence entre les peuples, comme un frein aux tendances de monopolisation et de domination, de quelque part qu'ils viennent.

Grâce aux ouvrages techniques exécutés par la Commission Européenne aux bouches du Danube, il est évident que les grands pays industriels sont en situation de soutenir la lutte de concurrence avec les pays industriels de l'Europe Centrale.

Mais si l'activité technique de la Commission Européenne du Danube a eu pour conséquence un mouvement commercial international aussi heureux et aussi net, il ne faut pas perdre de vue les obstacles qui se sont dressés devant cette pacifique manifestation du commerce mondial aux bouches du Danube.

Ces obstacles proviennent de la conception de l'existence politique de la Commission Européenne du Danube, telle qu'elle est résultée du dernier acte public additionnel de 1881, en exécution de l'article 53 du traité de Berlin.

A la vérité, la dérogation aux principes établis par le traité de Paris de 1856, et spécialement la reconnaissance de l'indépendance absolue de la Commission Européenne du Danube par les autorités territoriales, les difficultés et les conflits dont cette reconnaissance a été l'origine, ont contribué à entraver l'activité commerciale aux bouches du Danube. Déclarée autonome et indépendante, la Commission nomme elle-même ses fonctionnaires et ses agents d'exécution sur des eaux et des territoires étrangers; elle institue un inspectorat général de navigation et une capitainerie de port à Sulina. Le gouvernement de Roumanie, malgré tout le concours qu'il prêtait à la Commission dans l'accomplissement de sa mission, se vit forcé, par les réclamations du commerce roumain, d'établir à son tour, peu après que la Commission l'eut fait elle-même, une autorité au port de Sulina, afin d'assurer au commerce un concours légal sans lequel il ne pourrait s'exercer.

Depuis lors et jusqu'à présent, ces deux autorités, qui auraient pu s'unir si utilement l'une à l'autre au profit des intérêts du commerce, vivent dans la plus complète discorde, se faisant ainsi un tort réciproque pour le plus grand dommage du commerce.

La Commission Européenne du Danube refuse de reconnaître l'autorité du commissaire maritime roumain de Sulina, pour le motif que Sulina possède un régime différent des autres ports roumains: elle prétend, en consé-

quence, qu'on ne peut appliquer à Sulina aucune clause
des règlements roumains, et que seule, la Commission
Européenne a mission d'assurer la police du port de Sulina.
La Commission maritime roumaine, de son côté recon-
naissant qu'elle n'a pas le droit d'exercer la police de la
navigation dans le port de Sulina, lequel se trouve dans
un cas spécial, considère que, tout en respectant les prérogatives du capitaine de port, elle ne peut abdiquer son
rôle, qui est d'assurer à la Roumanie l'application des principes les plus élémentaires du droit international maritime,
à savoir, que les navires de commerce se trouvant dans
des ports ou eaux territoriales étrangers sont soumis à
la juridiction et aux règlements de police territoriale.

Des conflits résultant de cette incertitude d'attribution,
il découle tout naturellement que les intérêts généraux du
commerce sont lésés et que l'autorité et le prestige, aussi
bien de la Commission Européenne que des pouvoirs terri-
toriaux, sont frappés de discrédit.

Les travaux aux Portes de Fer

Empiètements et abus du gouvernement hongrois

A la conférence qui eut lieu à Vienne en 1858, et à
laquelle prirent part les puissances signataires du traité
de 1856, le représentant de l'Angleterre attira l'attention sur
la nécessité d'améliorer la navigation du Danube aux Portes de Fer. Il exprima même le désir de savoir ce qui avait
été fait dans ce sens. A cette question, le représentant de
l'Autriche répondit que son gouvernement se préoccupait
de l'amélioration de la navigation sur cette partie du fleuve.
Le motif qui avait amené le représentant de l'Angleterre
à soulever cette question était que la navigation, à ce point
du Danube, était difficile. En effet, de la Gura Vaï jusqu'à
Moldova Veche, sur une longueur de 108 kilomètres, le
fond du Danube était rocheux et élevé par endroits, si

bien que, lorsque le niveau des eaux baissait, la navigation devenait difficile ou même impossible, surtout à la hauteur de la localité de Sib, en Serbie, au point dénommé les Portes de Fer, où une partie des écueils apparaissaient à la surface, quand l'eau baissait.

Par suite de la nature de ces fonds, les navires chargés qui devaient passer là devaient être allégés quand les eaux étaient basses; parfois même la navigation était suspendue pendant quelque temps.

En général cependant, durant six mois environ par an, les bateaux pouvaient passer avec leur chargement complet, sans être allégés.

En revanche, la traction sur cette partie du fleuve ne réclamait pas de grands efforts, et l'on n'y payait aucune taxe.

A la conférence qui eut lieu à Londres en 1871, au sujet de la prolongation de l'existence de la Commission Européenne, le délégué de l'Autriche-Hongrie, voyant que la Russie, après avoir dénoncé la neutralité de la mer Noire, commençait à s'intéresser au Danube, mit en discussion la question des travaux aux Portes de Fer et, en échange de son adhésion à la proposition de prolonger l'existence de la Commission pour douze ans encore, il obtint de passer dans le protocole, les dispositions suivantes :

Article 6. — Les puissances riveraines de la partie du Danube où les cataractes et les Portes de Fer entravent la navigation, se réservent le droit de s'entendre entre elles dans le but de faire disparaître les obstacles, et les hautes parties contractantes leur reconnaissent d'ores et déjà le droit de percevoir une taxe sur les navires de commerce, quel que soit leur pavillon, taxes dont elles profiteront dorénavant jusqu'à l'extinction de la dette contractée pour l'exécution des travaux. Elles déclarent l'article 15 du traité de 1856 inapplicable à cette partie du fleuve pour le temps nécessaire au paiement de la dette en question. »

Comme les puissances riveraines de cette partie du

Danube étaient seulement l'Autriche-Hongrie, la Roumanie
et la Serbie, et que ces deux dernières se trouvaient alors
sous la suzeraineté de la Turquie, la monarchie austro-
hongroise poursuivit le dessein de s'approprier le droit
exclusif d'exécuter elle-même ces travaux. Le 8 juillet 1878,
l'Autriche-Hongrie, pour se libérer de la Roumanie, conclut
à Berlin une convention avec la Serbie, convention en
vertu de laquelle ce dernier pays consentait à ce que les
travaux des Portes de Fer fussent exécutés par la
susdite monarchie et s'obligeait à accorder toutes les facilités réclamées dans l'intérêt de l'exécution des travaux,
ainsi que le droit pour l'Autriche-Hongrie de se servir de
la rive serbe.

En retour, la principauté serbe ne contribuerait pas aux
dépenses nécessitées par ces travaux et on lui assurerait le
traitement de la nation la plus favorisée, en ce qui concerne la navigation dans cette partie du fleuve.

Le 13 juillet 1878, le Congrès de Berlin, comme on le
voit par l'article 57 du traité qui fut alors conclu, charge
spécialement l'Autriche-Hongrie de l'exécution des travaux
aux Portes de Fer, et lui donne le droit de percevoir une
taxe provisoire pour couvrir les frais nécessités par ces
travaux.

L'Autriche-Hongrie a obtenu ainsi ce qu'elle désirait
depuis longtemps : le mandat d'exécuter les travaux aux
Portes de Fer sans immixtion des riverains de cette partie
du fleuve.

Plus tard, l'Autriche-Hongrie, bien qu'elle n'eut pas le
droit de le faire, a transmis ce mandat à la Hongrie, qui
l'a exécuté, et a élaboré, sans en avoir non plus le droit,
des règlements concernant la navigation sur cette partie du
Danube. Elle a établi aussi les taxes de navigation qui
devaient être perçues, en faisant tout par elle-même, sans
l'approbation des puissances riveraines, comme l'exigeaient les traités de Paris et de Londres.

Ainsi donc :

1° Bien que l'Europe ait donné mandat à l'Autriche-Hongrie, tant pour l'exécution des travaux que pour la perception des taxes destinées à couvrir les dépenses, les travaux ont été en réalité exécutés par la Hongrie, qui a toujours perçu seule les taxes en question.

2° Bien que l'Europe ait autorisé l'Autriche-Hongrie à percevoir les taxes, seulement pour couvrir les frais, conformément aux principes de la navigation sur le Danube, la Hongrie a établi cependant les taxes qu'elle a voulu, sans l'approbation des puissances riveraines.

La Hongrie a établi également les règlements de navigation sur cette partie du fleuve, ce qu'elle n'avait pas le droit de faire sans l'assentiment des puissances riveraines.

Lorsque les puissances, par le traité de Berlin, ont confié à l'Autriche-Hongrie les travaux pour la suppression des obstacles qui gênaient la navigation aux Portes de Fer et aux cataractes, déterminant aussi le mode de dédommagement pour cette puissance, elles ont donné à l'Autriche-Hongrie un mandat exprès et limité, d'après lequel les travaux devaient être exécutés par elle, comme puissance européenne, et non par la Hongrie, qui n'est qu'une fraction de la monarchie, non reconnue comme Etat distinct par le droit public européen, et, par suite, ne pouvant être rendue responsable de la façon dont elle aurait accompli son mandat.

Outre cela, le mandat donné par l'Autriche-Hongrie d'exécuter les travaux et de percevoir les taxes, ne lui donne pas le droit de fixer seule ces taxes et surtout d'établir les règlements de police fluviale, en empiétant ainsi sur les droits des riverains.

Et comme l'article 15 du traité de Paris de 1856 ordonne de n'appliquer au Danube aucune taxe qu'il n'ait pas prévue, cet article doit être en conséquence abrogé, en ce qui concerne la partie du Danube où ces travaux ont été exécutés. En effet, par l'article 57 du traité de Berlin de 1878, ainsi que par l'article 7 du traité de Londres de 1883, l'application de l'art. 15 du traité de Paris de 1856 a été suspendue pour la partie du Danube où les travaux ont été exécutés, pendant tout le temps nécessaire pour couvrir les frais, en donnant le droit à l'Autriche-Hongrie de percevoir les taxes de façon provisoire, afin qu'elle puisse se dédommager.

Si l'Europe avait voulu donner à l'Autriche-Hongrie un mandat plus étendu que la charge d'exécuter des travaux aux Portes de Fer et de percevoir des taxes pour se dédommager de leur coût, il aurait fallu supprimer non seulement les dispositions de l'article 15 du traité de Paris, mais aussi les autres dispositions des traités antérieurs qui accordent aux Etats riverains le droit d'établir des règlements pour la navigation et la police fluviale. De plus, tout mandataire doit rendre compte de son mandat, des frais qu'il a fait et de la façon dont il a exécuté sa mission, du quantum des taxes à percevoir et du temps que doit durer cette perception afin qu'il soit complètement dédommagé, et du montant annuel de ces encaissements.

En dehors de la perception des taxes, le droit de surveillance et de police ne peut appartenir qu'au mandataire, si, par des stipulations antérieures, il n'a pas été accordé à d'autres. Les traités postérieurs confirment cette façon de voir.

Les règlements établis par la Hongrie au sujet de cette partie du fleuve sont :

1° Le règlement des taxes de navigation et des taxes de remorquage à percevoir pour la section du Danube Moldova-Turnu-Severin faisant partie de la section de rectification des Portes de Fer.

2° Le règlement pour l'établissement, la perception et la publication par les autorités hongroises des taxes de navigation, de remorquage et de pilotage, qui doivent être perçues sur les bateaux circulant entre Moldova et Turnu-Severin.

3° Le règlement pour l'organisation des autorités char-gées de contrôler la navigation du bas Danube.

Ce règlement fixe le siège de cette autorité à Orshova ; indique pour ce fleuve international, comme langue à employer, la langue hongroise, et prévoit que les commu-nications qui seront faites au sujet des mesures prises par la navigation, seront affichées dans les ports hongrois et à Turnu-Severin, port roumain. Le gouvernement rou-main, qui ne pouvait permettre cet affichage, avisa à temps le gouvernement hongrois que toute tentative de ce genre serait considérée comme une violation de territoire et trai-tée comme telle.

Et pour donner à cette mesure une apparence de léga-lité, le 5° chapitre du règlement dit que cette soi-disant autorité est créée par le ministère du Commerce de Hon-grie, en vertu de la loi VII de 1879, par laquelle ont été introduits, dans la législation intérieure de la Hongrie, l'article 57 du traité de Berlin de 1878 et l'article 6 du traité de Londres de 1871, lesquels ont mis à la charge de la Hongrie les dépenses des travaux des cataractes, de Mol-dova jusqu'en aval des Portes de Fer.

4° Le règlement avec dispositions spéciales pour la police de navigation, concernant la section du Danube sou-mise à la surveillance supérieure de l'Office hongrois de navigation d'Orshova.

5° Le règlement des services de pilotage établi aux Portes de Fer et aux autres cataractes du bas Danube.

Pour couvrir les dépenses, l'Etat hongrois perçoit les taxes suivantes de navigation sur cette partie du fleuve :

a) Pour chaque vapeur ou remorqueur, chaland, etc., chargé ou non, 20 heller par tonneau de 1.000 kilogrammes de jauge, et cela pour le tonnage complet du navire.

b) Pour les marchandises à bord des vapeurs remor-

queurs, chalands et tous autres bâtiments, 180 heller par
1.000 kilogrammes de poids.

Les navires complètement chargés de charbon de terre,
ciment, pierre, gravier, bois de chauffage, engrais, pétrole
brut ou dérivé, payeront une taxe réduite de 60 heller seulement, au lieu de 180 par tonne de marchandise chargée.
Les navires de voyageurs, à itinéraires réguliers et faisant
le service hebdomadaire, payent pour les marchandises
chargées les taxes entières du § b; et seulement 50 pour
cent des taxes de jauge du § a.

Si un bâtiment ne navigue que sur la partie Moldova-
Orshova-Vârciorova, ou seulement sur la partie Orshova-
Vârciorova-Turnu-Severin, il ne paye que la moitié des
taxes fixées.

Ainsi un chaland jaugeant 650 tonneaux, comme c'est
le cas pour la majorité des bâtiments qui circulent dans
cette partie du fleuve, chargé de 500 tonnes de céréales
comme c'est l'habitude, payera de Turnu-Severin à Mol-
dova :

Pour le navire lui-même :
 650 × 20..................... 13.000 heller
Pour le chargement :
 500 × 180................. 90.000 heller

   Total .... 103.000 heller

soit 1.081 fr. 50, ce qui revient à 2 fr. 16 par tonne de
céréales.

Mais comme les trois quarts des navires qui partent
chargés de céréales reviennent à vide, et que pour ce chaland vide on paye :

   650 × 20 = 13.000 heller

c'est-à-dire 136 fr. 50, dont les 3/4 représentent 102 fr. 30
la taxe par tonne de céréales est augmentée de 0 fr. 20,
ce qui la porte à 2 fr. 35, soit 23 fr. 50 par wagon.

Ainsi, tandis que les vapeurs qui entrent par les bouches

du Danube, pour trafiquer à Galatz ou à Braïla, payent à la Commission Européenne du Danube, par wagon de 10 tonnes chargés, de 4 fr. à 8 fr. 70, les bâtiments qui naviguent aux Portes de Fer payent, par wagon de marchandise chargée, une taxe de 21 fr. 60 à 23 fr. 50, c'est-à-dire de 3 à 6 fois plus.

Ce tarif, comme nous l'avons indiqué, accorde des réductions de 180 à 60 heller par tonne de marchandise chargée, si c'est du charbon, du ciment ou de la chaux, c'est-à-dire des articles d'exportation hongroise.

Pour les céréales, cette réduction n'est pas prévue, attendu que la Hongrie n'a jamais envoyé de marchandise de cette espèce sur cette partie du fleuve.

Seules, les céréales roumaines expédiées par le Danube en Allemagne et en Suisse, ou celles de Serbie dirigées vers les bouches du Danube empruntent cette partie du fleuve.

Dans ces conditions, le régime appliqué aux Portes de Fer, établissant des distinctions entre les marchandises et les soumettant à des tarifs spéciaux, suivant qu'elles correspondent plus ou moins aux intérêts particuliers des Hongrois, prend le caractère d'une mesure de politique commerciale de nature non seulement à rendre illusoire l'idée de la liberté de la navigation, mais encore à porter un préjudice sérieux au développement du commerce international sur le Danube.

En dehors de ces considérations, si nous cherchons à savoir quels avantages la navigation a retiré des travaux exécutés aux Portes de Fer, la réponse est décourageante. En effet, bien que dans le programme des travaux exécutés, il ait été prévu que la profondeur minima, entre Turnu-Severin et Orshova, serait de 3 mètres, et de 2 mètres, en amont de cette localité, en réalité on ne peut pas même compter pendant toute l'année sur 1 mètre 50, parfois même on n'a pas eu 1 mètre 20 pour naviguer, si bien que la circulation des navires a été alors arrêtée comme avant l'exécution des travaux.

De plus, dans le canal creusé aux Portes de Fer, le courant de l'eau atteint 5 mètres à la seconde, ce qui fait 16 kilomètres à l'heure, vitesse qui élève énormément le prix de la traction, et par conséquent de la navigation.

Ainsi, alors qu'autrefois un remorqueur de 650 chevaux pouvait faire remonter le courant à 2 chalands de 650 tonneaux, chargés chacun de 500 tonnes, maintenant, à la suite des travaux exécutés, on ne peut faire franchir le canal qu'à un seul chaland, auquel sont attelés deux et quelquefois trois remorqueurs.

Ce qu'ont coûté exactement les travaux proprement dits, on l'ignore, vu que le gouvernement hongrois, dans les sommes qu'il a indiquées, a compris aussi les dépenses effectuées pour le port d'Orshova : or, ces derniers travaux n'étaient pas d'un intérêt général pour la navigation, mais d'un intérêt particulier pour les Hongrois. Ces travaux, pour lesquels les Hongrois prétendent avoir dépensé plus de 40 millions de couronnes, sont fort mal exécutés et doivent être refaits en grande partie.

On a, en effet, creusé un canal d'une longueur de 1.800 mètres, ce qui, par suite des grandes différences de niveau, a eu comme résultat un courant de 18 kilomètres à l'heure. Les ingénieurs spécialistes, que les Hongrois avaient consultés avant d'entreprendre les travaux, avaient tous été d'avis de creuser un canal à écluses au lieu d'un canal à niveau. Mais les ingénieurs hongrois ont fait un canal à niveau et aujourd'hui les spécialistes proposent de nouveau un canal à écluses.

Le résultat est que les travaux en question, qui ont coûté très cher, ont beaucoup augmenté le prix de la navigation et n'ont pas même assuré une navigation vraiment libre. Pour soutenir cette affirmation, nous invoquerons le témoignage de la Chambre de Commerce de Vienne qui, le 10 avril 1899, a déclaré dans une délibération :

« Appréciant les travaux exécutés par les Hongrois aux Portes de Fer, nous devons reconnaître que, par malheur, les difficultés que rencontre la navigation dans cette partie du Danube sont loin d'être écartées. Par les travaux exécutés jusqu'à présent, la navigation n'est pas devenue moins dangereuse qu'auparavant, et elle n'est pas moins coûteuse. »

Le professeur Blociszewsky, de l'Académie de Vienne, a écrit, toujours sur le même sujet :

« Malgré les hosannas qui ont accompagné dans la presse austro-hongroise les fêtes d'Orshova, malgré les commentaires flatteurs qui ont été faits à l'étranger ; après avoir sérieusement examiné les conditions dans lesquelles ce canal a été construit, on ne peut que faire les plus grandes réserves au sujet des travaux exécutés aux Portes de Fer. En réalité, si ces travaux ne sont pas totalement transformés, la nouvelle voie sera tout aussi peu utile à la navigation que l'ancienne. »

Même le chef des constructions fluviales du ministère de l'Agriculture hongrois, a écrit :

« Malgré tout, il nous faut avouer que le but des travaux aux Portes de Fer n'a pas complètement été atteint. En effet, en dehors des obstacles supprimés dans la partie en question du fleuve, d'autres ont surgi inopinément et ils doivent être écartés si l'on veut achever l'œuvre commencée. »

Quand l'Allemagne, en 1915, s'est intéressée de plus près au Danube, lorsqu'elle cherchait à transporter par le Danube les céréales achetées en Roumanie, elle a été obligée de remplacer les remorqueurs pour les tractions des chalands, par des locomotives roulant sur la berge du canal.

De l'exposé de l'état des choses aux Portes de Fer, il ressort indubitablement que le mandat confié par l'Europe à l'Autriche-Hongrie n'a pas été rempli comme l'exigeaient les intérêts de la libre circulation sur le Danube, en dehors du fait qu'elle s'est appropriée le droit d'établir des taxes et d'élaborer des règlements pour cette partie du fleuve, contrairement aux stipulations des traités conclus entre les puissances européennes.

Donc, par suite de la transmission à la Hongrie du mandat donné par les puissances européennes à la monarchie austro-hongroise, il se trouve que le mandat a été violé dans toutes ses dispositions. D'une part, les travaux ont été si mal conçus et exécutés, qu'au lieu d'être améliorée, la navigation a été rendue encore plus difficile qu'auparavant. D'autre part, au lieu de rendre compte de l'exécution et du prix des travaux, la Hongrie s'est installée définitivement sur une partie du Danube dont elle n'est pas riveraine et elle a créé là des taxes contraires à l'esprit des traités, taxes qu'elle perçoit sans en rendre compte. Enfin, elle a établi des règlements de navigation et de police en usurpant les droits des riverains.

Le Danube, entre Turnu-Severin et Galatz

L'œuvre de la Roumanie

Nous avons montré que la dernière conférence des puissances européennes qui s'est occupée de la question du Danube a eu lieu à Londres en 1883. Il y fut décidé que la juridiction de la Commission Européenne du Danube s'étendrait jusqu'à Braïla, et que les règlements de navigation, de police fluviale et de surveillance, élaborés le 22 juin 1882 par la Commission Européenne du Danube, avec l'assistance des délégués des Etats riverains, seraient appliqués à la section Braïla-Turnu-Severin.

Mais, comme la Roumanie, bien qu'elle eût un représentant au sein de la Commission, n'a pas été admise à la conférence, les décisions prises en son absence au sujet de la navigation sur la partie du Danube Braïla-Turnu-

Sévérin n'ont pas été appliquées, si bien que cette partie du fleuve n'a pas de régime défini, et les principes de la liberté de navigation fixés par les traités antérieurs ont été appliqués ici par les puissances riveraines selon le bon plaisir de chacune d'elles.

La Roumanie, consciente de son rôle au sujet du fleuve qui baigne son territoire, a toujours respecté le principe de la liberté de la navigation.

En dehors des travaux dans les ports tels que construction de quais, plates-formes insubmersibles, magasins pour entrepôt des marchandises, pontons d'accostage, installations mécaniques destinées à faciliter la manipulation des marchandises et des céréales, jonctions par voie ferrée avec les stations de l'intérieur, elle a exécuté d'importants travaux dans le lit du fleuve.

Le service hydraulique de l'Etat roumain, qui exécute tous les travaux sur le Danube, possède un service de dragage qui enlève les bancs de sable et autres obstacles, cherchant à assurer en tout temps une profondeur d'au moins deux mètres dans la partie navigable, tandis qu'avant l'exécution de ces travaux, la profondeur dans ces endroits s'abaissait parfois jusqu'à 1 mètre 20. Quand les eaux sont basses, le service indique le chenal navigable par un balisage, et ces temps derniers on plaça même des balises lumineuses pour faciliter la navigation pendant la nuit.

Le service hydraulique établit également une carte quotidienne dans laquelle il indique les variations du niveau du Danube et les profondeurs entre les ports, carte qui est envoyée aux autorités et aux intéressés. Le service affiche aussi tous les jours, dans chaque port, le tirant d'eau entre ce port et les deux ports les plus proches, en amont et en aval.

Comme le Danube, aussi bien avant d'être pris par les glaces qu'au moment du dégel, charrie de gros glaçons qui mettent en danger les navires, le service hydraulique a créé des bassins d'hivernage dans lesquels les navires peuvent se mettre rapidement en sûreté, les abris naturels étant très peu nombreux.

L'Etat roumain, désireux de venir en aide aux navires qui ont des avaries à leur entrée dans le Danube, a construit aussi des docks flottants, dans lesquels ces bâtiments peuvent être mis à sec et réparés.

Tous les travaux du chenal navigable dont profitent les navires de tout pavillon et par conséquent le commerce général, sont effectués uniquement par l'Etat roumain, qui seul en supporte les frais, sans d'ailleurs percevoir aucune taxe de navigation.

Ni les autres Etats riverains de cette portion du fleuve, qui, pour leur importation et leur exportation se servent de cette voie navigable, ni les Etats situés plus au sud, qui, eux aussi, l'utilisent beaucoup, n'ont contribué en rien à l'exécution et à l'entretien de ces travaux. Bien plus, l'Etat bulgare a même cherché à entraver la Roumanie dans leur exécution; des coups de feu ont été tirés sur le personnel technique de l'Etat roumain qui se livrait à des études pour l'enlèvement des bancs de sable et la création d'un chenal navigable.

C'est ainsi que l'Etat bulgare a compris le principe de la liberté de la navigation.

Pour l'établissement de la frontière dans les eaux du Danube, la Roumanie a conclu en 1908, avec la Bulgarie, une convention dans laquelle il est stipulé que, là où le Danube se divise en plusieurs bras, la frontière sera au milieu du bras dans lequel se trouvera la ligne continue des plus grandes profondeurs et que cette constatation sera renouvelée tous les dix ans.

L'œuvre technique réalisée par l'Etat roumain sur le Danube et les avantages qu'elle a apportés à la navigation en général, sont unanimement reconnus par tous ceux que ce fleuve intéresse.

Voici ce qu'écrivait l'officieuse *Oesterreichische Schiffer-zeitung* de Vienne, au sujet de ces améliorations :

« Transportons-nous de 20 à 26 ans en arrière. Que de misères rencontrait alors le navigateur !

« Le pilote d'un navire était abandonné et réduit à ses seuls moyens pour naviguer sur un fleuve que les crues transformaient en une véritable mer. Ici l'on voyait des chalands et des navires jetés sur des bancs de sable ; là, des vapeurs échoués dans la vase et demandant du secours. On sondait le fleuve avec précaution, pour y chercher, souvent en vain, un chenal où il fût possible de passer sans encombres.

« Ces sondages duraient des jours entiers. Le chenal découvert était repéré sans qu'un autre que l'auteur du travail pût utiliser le renseignement. Si un convoi s'échouait sur un banc solide, ce qui se produisait souvent, les chalands se dégageaient un par un.

« De la sorte, un voyage de Turnu-Severin à Braïla durait bien souvent de 3 à 4 semaines ou davantage, et le navigateur s'estimait heureux d'avoir pu mener son convoi à destination.

« Pendant des mois entiers, des navires chargés attendaient que le niveau des eaux vînt à monter, afin de pouvoir franchir les bancs de sable.

« Dans le pays nommé « Valachie », personne, à cette époque, ne s'intéressait au Danube et ne faisait quoi que ce fût pour favoriser la navigation.

« L'Etat roumain, qui progresse de toutes manières à pas de géant, a porté depuis quelques années, son attention sur la navigation, et s'applique à faire pour le Danube en amont de Braïla ce que fait la Commission Danubienne en aval de ce port.

« Bien que les rives du Danube appartiennent à différents Etats, seule entre tous, la Roumanie a créé un Service hydraulique régulier.

« Tous les navigateurs apprécient avec reconnaissance

l'activité bienfaisante du Service hydraulique roumain. »
Suit la description des travaux exécutés par ce service.
L'auteur ajoute :

« Il est incontestable que de telles organisations est
résulté un grand bien pour la navigation. Le Service
hydraulique est au début de ces travaux, et nous sommes
en droit de penser que le bas Danube, une fois pourvu
d'aménagements semblables, servira de modèle aux autres
pays riverains.

« Et actuellement, quand je navigue, pendant la nuit,
en aval de l'embouchure de la Tisza jusqu'à Semlin, je
songe sans cesse à la « sauvage Valachie », à ses admirables bouées lumineuses et à ses superbes dragues. »

Mais si, conformément au principe établi, la Roumanie
a pu, par ses travaux techniques, améliorer la navigation
dans la partie du Danube dont elle est riveraine, au prix
de sacrifices matériels très considérables par rapport
à ses moyens financiers, et sans créer aucune taxe de navigation destinée à couvrir ses dépenses, c'est-à-dire en respectant le principe de la liberté de la navigation ; elle s'est
néanmoins vue dans l'impossibilité d'établir *des règles de
navigation et de police pour cette partie du fleuve.*

Comme aucun traité ne prévoit qu'un Etat riverain du
Danube puisse établir seul de tels règlements, la Roumanie s'est bornée à faire un règlement de navigation et de
police fluviale, applicable dans les ports roumains. En
dehors des eaux de ces ports, la navigation n'est plus soumise à aucun régime codifié.

L'absence d'un règlement valable pour tout le cours du
fleuve, est une lacune très sérieuse pour la navigation.
Voici un cas parmi tant d'autres : un bâtiment naviguant
entre un port roumain et un port bulgare doit se conformer tantôt au règlement roumain, tantôt au règlement
bulgare, selon qu'il flotte sur les eaux de l'un ou l'autre
de ces Etats ; il en résulte en cas de collision des conflits
et des difficultés pour l'établissement des responsabilités.

LE DANUBE ENTRE MOLDOVA-VECHE ET ULM

La partie du Danube en amont des Portes de Fer, entre Moldova-Veche et Ulm, est soumise aux deux régimes suivants :

a) La section comprise entre Ulm et Engelhartzel, qui traverse la Bavière jusqu'à la frontière autrichienne, possède son règlement propre de navigation et de police fluviale : règlement établi par l'Etat bavarois tout seul, contrairement aux stipulations du traité qui a prévu son établissement par la Commission Européenne, avec l'assistance des puissances riveraines.

Sur cette partie du fleuve, la navigation est très difficile : l'Allemagne ne s'y est guère intéressée. On ne peut pas compter dans cette section, sur une profondeur même d'un mètre.

b) La partie du fleuve allant d'Engelhartzel à Moldova-Veche a, elle aussi, un règlement propre de navigation et de police fluviale établi par l'Autriche-Hongrie, lequel est contraire aux stipulations des traités conclus par les puissances européennes.

Dans cette région, l'Autriche-Hongrie a exécuté des travaux qui ont facilité la navigation, mais pas autant que le réclament les intérêts du commerce.

En résumé, le Danube navigable est divisé en cinq sections. Pour quatre d'entre elles, de Galatz jusqu'à la mer, de Turnu-Severin à Moldova-Veche, de Moldova-Veche à Engelhartzel et de Engelhartzel à Ulm, il existe quatre régimes à part, dont un seul, celui de Galatz à la mer, est conforme aux prescriptions des traités. Quant à la cinquième section (de Turnu-Severin à Galatz), elle n'a pas de régime défini.

III. — LES PUISSANCES EUROPÉENNES
ET LE DANUBE

LA RUSSIE

L'union de la Bessarabie avec la Roumanie a éloigné définitivement la Russie des bouches du Danube, et mis un terme à une politique très active que nous retracerons brièvement.

Avant l'ouverture du canal de Suez, la route principale de l'Europe vers l'Inde et l'Asie était la mer Noire et le Danube était la voie de transport la plus commode vers ce bassin commercial.

La Russie, grande puissance dans ce bassin et située immédiatement dans le voisinage des bouches du Danube, a de tout temps cherché à accaparer le Danube. Des considérations, plutôt politiques que commerciales, la guidaient dans cette direction. Ainsi, après avoir annexé la Bessarabie avec le bras de Chilia, en devenant ainsi riveraine du Danube jusqu'à l'embouchure du Pruth, elle a pris possession un peu plus tard, des deux autres bras de Sulina et de Saint-Georges, et ensuite, sur la base d'un traité conclu avec les Turcs en 1838, elle est devenue maîtresse du bassin de la mer Noire.

Cette mainmise de la Russie a fait diminuer le commerce par les embouchures du Danube, par suite du manque d'entretien de l'embouchure de Sulina, et de la quarantaine créée dans ce port.

La Russie, en prenant possession du bras de Sulina, ne s'est plus occupée de son entretien, et a abandonné les travaux qui avaient été jusque-là exécutés par les Turcs, si bien qu'avec le temps, cette embouchure s'est ensablée, le tirant d'eau ayant diminué de 3 m. 30 à 2 m. 10. Il semble que la Russie n'entendait pas entretenir cette sortie à la mer, dont l'Autriche surtout profitait alors, attendu que seule elle avait créé un service de transports à vapeur du Danube à Smyrne et à Constantinople.

D'autre part, la Russie, afin de développer son port d'Odessa, a créé une quarantaine à Sulina pour les navires qui devaient entrer dans le Danube, avec l'obligation que les marchandises fussent d'abord transportées à Odessa et désinfectées dans ce port, opération onéreuse et qui retardait beaucoup les transports. Ces difficultés provoquèrent l'intervention de l'Angleterre et de la France, et amenèrent la création de la Commission Européenne.

Après la guerre de 1877-78, quand la Russie et la Roumanie donnèrent à la Bulgarie son indépendance, la Russie s'intéressa vivement au développement de l'Etat bulgare. Afin de faciliter les communications avec la Bulgarie, la Russie avait créé une Société russe de navigation sur le Danube pour les voyageurs et les marchandises. Jusqu'alors l'unique société effectuant des transports sur le Danube était une société autrichienne. La nouvelle société russe établit d'abord un service entre Odessa et poussa même jusqu'à Belgrade pour y transporter du pétrole russe.

Les navires de cette société vont d'Odessa au Danube par le bras de Chilia, que l'Etat russe entretenait tout exprès, exécutant des dragages coûteux.

La société russe transporte aussi des céréales sur le Pruth et les amène jusqu'à Reni, d'où, par chalands de mer, elles sont amenées à Odessa et vendues sur le marché de ce port, qui fait ainsi concurrence au port de Galatz, où jadis on apportait et négociait toutes les céréales venues par le Pruth.

La Société russe, en limitant son trafic à Turnu-Severin, est restée un facteur d'une certaine importance, mais pour le bas Danube seulement.

L'ALLEMAGNE

Comme nous l'avons dit, l'Allemagne n'a pas accordé, dans le passé, une importance particulière au Danube. Son vaste réseau de voies ferrées, ainsi que sa politique de tarifs pour le transport par les voies ferrées de l'Empire, ont été établis de telle sorte que tout le trafic de l'Allemagne était centralisé dans les ports maritimes de Brême, Hambourg, etc., par où étaient introduites toutes les matières premières nécessaires à l'industrie et à la consommation intérieure, et par où devaient sortir aussi les produits fabriqués.

Cette politique explique l'indifférence de l'Allemagne pour le Danube, qu'elle considérait non seulement comme inutile à son commerce et à son développement économique, mais encore comme dangereux pour son expansion maritime.

Ce qui a contribué aussi à cette indifférence, ce fut la crainte et les manœuvres de l'Autriche, qui voyait avec inquiétude l'Allemagne s'intéresser au Danube, et créer même un service national de navigation.

L'Autriche alla jusqu'à tenter de faire de cette société un instrument autrichien. Ainsi, le gouvernement autrichien, par des intermédiaires, acheta presque toutes les actions de la société allemande dénommée « Société sud-allemande », si bien que cette société resta sous pavillon allemand, tandis qu'elle était administrée par le Ministère du commerce autrichien.

Lorsque l'Empire allemand vit qu'il ne disposait d'aucun

service de transports sur le Danube, alors que l'Autriche-Hongrie y possédait trois sociétés de navigation — une autrichienne, une hongroise et la troisième de fait autrichienne, bien qu'elle battît pavillon bavarois, — il se rendit compte du but auquel tendait l'Autriche sur le Danube. Par l'intermédiaire de la Deutsche Bank, intéressée à la production du pétrole de Roumanie, il créa une nouvelle société de navigation, sous la dénomination de « Lloyd Bavarois », qui, si l'on s'en rapporte à la hâte avec laquelle elle construit ses navires, semble devoir devenir très importante.

Telle a été la politique de l'Allemagne dans la question de la navigation sur le Danube, jusqu'au début de la guerre mondiale. Le traité de Bucarest a montré une orientation toute nouvelle de cette politique.

L'AUTRICHE-HONGRIE

L'Autriche-Hongrie a toujours cherché à dominer sur tout le Danube, à être absolument maîtresse sur la partie du fleuve baignant son territoire ou sur celle qui n'est pas soumise au contrôle de l'Europe, et à avoir voix prépondérante pour la partie en aval du Turnu-Severin, où elle n'est pas riveraine.

L'Autriche poursuivant la mainmise sur le Danube, a établi le premier service de transport pour voyageurs et marchandises sur ce fleuve.

Dès 1829, elle a créé une société de navigation sur le Danube. En 1834, elle a commencé à faire le service du Danube à Smyrne et à Constantinople, et, en 1839, de Smyrne à Trébizonde, cherchant ainsi à établir des relations entre le commerce autrichien et celui des Indes et de l'Asie par les bouches du Danube. Plus tard, cette société s'est réservée seulement le trafic sur le Danube et ses affluents.

Le gouvernement autrichien s'est toujours intéressé de très près au développement de cette société, à laquelle il a accordé des subventions et des tarifs de chemins de fer réduits pour ses transports. Cette société est devenue ainsi très puissante et elle disposait au commencement de la guerre actuelle, de 134 remorqueurs et navires à vapeur pour voyageurs et de 854 chalands d'un tonnage en lourd de 434.264 tonneaux.

La Hongrie, depuis quelque temps, cherche à développer son industrie, et lutte sur le terrain économique même contre l'Autriche. Elle a créé en 1895 une société de navigation sur le Danube, qui disposait, avant la guerre, de 48 vapeurs pour voyageurs et de 250 chalands ayant un tonnage en lourd de 120.000 tonnes. En dehors de ces deux sociétés, l'Autriche est encore, de fait, la propriétaire de la société sud-allemande de navigation sur le Danube, qui, avant la guerre, disposait de remorqueurs et de chalands ayant un tonnage en lourd d'environ 70.000 tonnes.

LA ROUMANIE

Le fait que l'Autriche tendait à posséder le monopole des transports sur le Danube, a décidé la Roumanie à défendre les intérêts de son commerce sur ce fleuve. C'est ainsi que l'Etat roumain créa, en 1897, un service de transports sur le Danube, dénommé « Navigation fluviale roumaine », service qu'elle a développé dans les limites de ses ressources financières.

Avant la guerre, ce service disposait de :

14 remorqueurs,

13 bateaux à vapeur pour voyageurs,

14 navires citernes pour le transport de pétrole et

108 chalands d'un tonnage en lourd de 80.000 tonneaux.

Comme ces navires appartenant à l'Etat roumain n'étaient pas suffisants pour assurer le transport des marchandises, en faisant des voyages réguliers sur tout le Danube, le service roumain a conclu une convention avec la Société sud-allemande, et ces deux sociétés organisèrent un service combiné pour le transport des marchandises entre Sulina et Regensbourg.

Pour soutenir ces sociétés de transport contre les sociétés austro-hongroises, l'empire allemand et le royaume roumain ont accordé des tarifs réduits sur leurs chemins de fer pour les marchandises venant des ports danubiens ou s'y rendant pour y être chargées sur les navires de ces sociétés. Ils firent de la sorte ce que faisait depuis longtemps l'Autriche-Hongrie pour ses sociétés de navigation.

LA SERBIE

La Serbie, plus que tout autre Etat riverain, ressentait les effets de cette prépondérance des sociétés autrichiennes de navigation qui, seules, desservaient ses ports. Elle a créé, elle aussi, une Société nationale de navigation pour le transport des voyageurs et des marchandises. Cette Société n'a effectué de transports qu'entre les ports serbes du Danube et de la Save et les ports austro-hongrois voisins, remontant quelquefois avec des chargements de céréales jusqu'à Budapest.

Quand commença la guerre économique avec l'Autriche-Hongrie, la Serbie se décida à expédier ses céréales d'exportation sur le bas Danube, où, à Braïla, elle trouvait, en tout temps, des acheteurs et obtenait de bons prix.

Mais, comme les travaux exécutés aux Portes de Fer augmentaient beaucoup les frais de transport de céréales expédiées sur le bas Danube, l'Etat serbe a commencé peu de temps avant la guerre actuelle, la construction à Prahova, en aval de Turnu-Severin, d'un port qu'elle projetait de doter des installations nécessaires — pour le dépôt des céréales et leur chargement sur chalands — et de relier par voie ferrée avec les stations de l'intérieur du pays.

L'exportation des bestiaux, que dans le passé la Serbie faisait exclusivement en Autriche-Hongrie, se fit, pour l'Italie, par le port de Salonique.

L'UTILISATION EUROPÉENNE DU DANUBE

L'intérêt des pays non riverains du Danube, pays de grande production industrielle, tels que l'Angleterre, la France et l'Italie et celui des pays du bassin du Danube à grande production agricole, coïncidait parfaitement t il en résulta une activité commerciale considérable, qui emprunta la voie du Danube.

Les progrès réalisés furent rapides. Grâce à l'importance de l'œuvre hydraulique exécutée avec persévérance, esprit de continuité et une profonde science technique, on a réussi à donner au bas Danube un caractère maritime prononcé, qui facilite le trafic des bateaux jaugeant jusqu'à 8.000 tonnes de chargement.

L'importance de cette œuvre est mise en évidence par l'essor qu'ont pris le commerce et la navigation aux bouches du Danube.

Sur un total de 4.479.327 tonnes de marchandises exportées en 1910 par la Roumanie, 280.626 tonnes ont emprunté la voie de terre, 1.009.171 celle de Constantza, et *3.189.530 tonnes, celle des bouches du Danube.*

Même constatation pour l'importation : le total des marchandises importées en Roumanie en 1910, a été de 771.545 tonnes, dont 229.458 par voie de terre, 159.625 par Constantza et *382.452, par les bouches du Danube.*

La plus grande partie du commerce roumain se fait donc par mer et surtout par les bouches du Danube. Le Danube, par ses bouches et par les travaux qu'on y a effectués, facilite à la Roumanie l'accès du marché mondial.

Considérée au point de vue des besoins de l'importation

roumaine, pour laquelle elle a permis la collaboration des Etats à grand industrie, cette œuvre a sauvé la Roumanie du danger de la dépendance absolue des pays de l'Europe centrale, dans les filets desquels elle aurait certainement fini par tomber, si l'intérêt européen n'était intervenu à temps pour ouvrir et entretenir aux bouches du Danube une route libre au commerce mondial.

En effet, tandis qu'en 1856 des bateaux jaugeant 200 tonneaux, tout au plus, pouvaient, sans être allégés de leur chargement, entrer dans le Danube, aujourd'hui, grâce à la profondeur de 7 m. entretenue par la Commission Européenne du Danube, des bâtiments de plus de 3.500 tonneaux de registre, peuvent y pénétrer : ce sont les plus grands navires, dont le chargement peut aller jusqu'à 8.500 tonnes.

Le tableau ci-dessous du mouvement de la navigation à Soulina avec indication de la nationalité des bateaux, rend évidente la nécessité pour l'Europe de s'intéresser aux bouches du Danube.

Navires entrés et sortis du Danube en 1911

	Navig. fluviale		Navig. maritime		Total	
	Entrés	Sortis	Entrés	Sortis	Entrés	Sortis
Roumanie	12.263	12.116	240	238	12.503	12.354
Autriche	8.683	8.057	441	442	9.124	9.099
Belgique	»	»	75	75	75	75
Bulgarie	1.287	1.263	9	7	1.296	1.270
Egypte	»	»	»	»	»	»
Grèce	3.422	3.380	425	425	3.847	3.805
Angleterre	133	129	547	541	680	670
France	126	127	57	58	183	185
Allemagne	63	69	84	82	147	151
A reporter.	25.977	25.741	1.878	1.868	27.855	27.609

	Navig. fluviale		Navig. maritime		Total	
	Entrés	Sortis	Entrés	Sortis	Entrés	Sortis
Report.........	25.977	25·741	1.878	1.868	27.855	27.609
Italie	263	261	249	247	512	508
Hollande	»	»	»	»	»	»
Turquie	981	986	657	659	1.638	1.645
Russie	2.879	2.875	148	148	3.027	3.023
Serbie	162	162	12	12	174	174
Espagne	»	»	»	»	»	»
Hongrie	4.792	4.804	63	63	4.855	4.867
Autres pays.....	»	»	22	22	22	22
Total	35.054	34.829	3.029	3.019	38.083	37.848

Constatons, pour finir, que sur un total de 936 navires sortis pendant l'année 1913, par Sulina, le record revient à l'Angleterre avec 278 bateaux; suivent l'Autriche Hongrie avec 158 bateaux, l'Italie avec 118, la Grèce avec 112 et la Russie avec 66.

*
* *

La convulsion européenne qui se répercute sur le monde entier a fait naître chaque jour de nouveaux problèmes jaillis du choc des idées et des intérêts des deux groupes belligérants.

En dernière instance, ils seront tranchés sans doute par le grand aréopage du prochain congrès, conformément aux grands intérêts communs de l'Europe et du monde entier.

Le problème du Danube devra nécessairement y être traité, à cause de l'influence que ce fleuve, à la fois continental et maritime, est appelé à exercer non seulement sur les intérêts de production et de consommation de ses riverains, mais aussi sur ceux des autres peuples du monde.

La discussion de ce problème s'imposera d'autant plus impérieusement que les événements politiques, qui viennent de se dérouler sous nos yeux, ont créé des situations et des courants nous laissant entrevoir la possibilité d'une nouvelle atteinte portée à l'idée de la liberté de navigation sur le Danube.

LA QUESTION DU DANUBE ET LES AMBITIONS GERMANIQUES

Alors que, dans le passé, le fécond principe de la liberté de la navigation sur le Danube, tel qu'il a été formulé en 1856, était battu en brèche par la Russie et, ensuite par l'Autriche-Hongrie poursuivant, l'une et l'autre, la domination effective et l'asservissement politique des contrées danubiennes, cette fois le danger se dresse menaçant du côté de l'Allemagne.

Jusqu'à ces derniers temps, l'Allemagne se désintéressait du Danube, qui lui servait surtout comme moyen de compensation politique, tantôt pour la Russie, tantôt pour l'Autriche-Hongrie. Plus récemment, par la force des circonstances politiques et économiques créées par la guerre, l'empire allemand a attribué à ce fleuve un intérêt capital pour ses projets économiques.

Dominée plus que jamais par une soif irrésistible de suprématie économique et politique sur toute l'Europe centrale et orientale et jusque sur le centre de l'Asie, pro-centrale (Mitteleuropa), l'Allemagne a tendu à faire du Danube un fleuve intérieur, en réduisant les petits Etats du Danube un fleuve intérieur, en réduisant les petits Etats de son bassin à une vassalité contraire à leurs intérêts et à leurs aspirations d'indépendance politique et économique.

Relier le Rhin au Danube, par le canal Ludwig qu'on projeta d'élargir et d'améliorer, ce serait en faire la colonne vertébrale de cette Europe centrale, et la voie de communication continentale entre la mer du Nord et les intérêts allemands du bassin et du littoral de la mer Noire.

La formule de réalisation de cette idée n'est autre que

celle contre laquelle la Roumanie a lutté avec le secours de l'Europe pendant plus d'un demi-siècle, à savoir : l'élimination du contrôle européen du Danube et son remplacement par celui d'une Commission riveraine dans laquelle, naturellement, l'Allemagne, pour des raisons faciles à comprendre, entrerait avec les Etats riverains de sa confédération, s'assurant ainsi l'hégémonie et la domination effective, économique et politique, de tout le bassin danubien.

L'on transformerait le Danube en une artère commerciale libre, mais réservée aux Etats riverains reliés entre eux par une union politique, commerciale et douanière « Freieigene Verkerstrasse der handels-politisch alliirten Donaustaaten ». Ce serait écarter définitivement l'Europe du Danube.

La demande imposée par les Allemands à l'occasion des négociations de paix en 1918, tendant à faire de la Dobroudja un condominium des puissances centrales, cristallise clairement la politique actuelle allemande dans la question du Danube.

La Dobroudja, par sa situation géographique et par le fait que Constantza, le port d'hiver du Danube y est située, représente effectivement le territoire qui centralise et domine le commerce du Danube. Par la maîtrise de cette contrée, l'Allemagne désire s'assurer le contrôle du Danube et de son commerce.

Enfin la partie du traité de Bucarest, relative au Danube, que nous reproduisons plus bas, prouve péremptoirement que les Allemands avaient la ferme intention de faire de ce fleuve une grande voie pour le commerce allemand vers l'Orient, après s'en être définitivement emparé.

LE TRAITÉ DE BUCAREST (1918)

Les conventions concernant la régularisation de la navigation sur le Danube couronnèrent l'œuvre d'asservissement entreprise contre la Roumanie. Elles étaient comprises dans les Conventions économiques du traité de paix de Bucarest.

Le chapitre VI de ce traité (articles 24 à 28) est consacré à la régularisation de la navigation sur le Danube.

1° Il est décidé que la Roumanie conclut avec l'Allemagne, l'Autriche-Hongrie et la Turquie, un nouvel acte de navigation sur le Danube, par lequel sera réglementée la navigation sur ce fleuve, du point où il commence à être navigable jusqu'à Sulina.

Le nouvel acte de navigation, qui devait être élaboré à Munich, immédiatement après la ratification du traité de paix devait établir d'une façon définitive le régime des bouches du Danube, c'est-à-dire le régime de la navigation sur le fleuve, depuis Braïla et en aval de cette ville.

L'article 24 prévoit que la Commission Européenne du Danube sera maintenue, avec ses droits et ses obligations, comme institution permanente, mais dans les conditions suivantes :

La Commission devra être composée, dorénavant, uniquement des représentants des États qui se trouvent sur le cours du Danube ou sur le littoral de la mer Noire.

La compétence de cette Commission est étendue à tous les bras et à toutes les bouches du Danube et aux parties de la mer Noire situées devant ces bouches.

Le règlement établi par la Commission, pour le bras de Sulina, devra s'appliquer également aux autres bras, pour lesquels la Commission n'avait pas été compétente jusqu'alors. La Roumanie devait garantir aux navires de toutes les parties contractantes la libre circulation sur la partie roumaine du Danube; mais le règlement ne dit rien au sujet de la situation créée à la Roumanie dans les eaux des autres parties contractantes.

Il est également imposé à la Roumanie de ne percevoir sur les navires et les marchandises des parties contractantes aucune taxe qui pourrait être établie du fait de la navigation sur le fleuve, ni aucune autre taxe que celle admise par le nouvel acte de navigation sur le Danube. La taxe de 1/2 p. 0/0 perçue en Roumanie pour l'entretien des ports devait être supprimée pendant cinq ans au moins, à partir de la ratification du traité de paix. Après l'entrée en vigueur du nouvel acte de navigation sur le Danube, les taxes de navigation prévues par cet acte devaient être seules perçues sur les marchandises exportées ou importées par les ports.

En ce qui concerne l'entretien de la navigation aux cataractes et aux Portes de fer, le régime hongrois est consolidé contrairement à tout principe de droit international. Il est imposé en même temps aux Etats riverains de donner à la Hongrie toutes les facilités qu'elle demandera dans l'intérêt des travaux à exécuter à l'avenir.

L'article 24 renchérit encore sur ce qui précède. Il prévoit, en effet, que la Roumanie, l'Allemagne, l'Autriche-Hongrie, la Bulgarie et la Turquie, ont le droit d'entretenir des navires de guerre sur le Danube. Ces bâtiments, décide l'Allemagne, peuvent naviguer, en aval jusqu'à la mer et en amont jusqu'à la frontière supérieure de leur propre territoire national. Mais ils ne peuvent cependant entrer en relations avec un autre état et ne pourront s'y arrêter qu'avec une autorisation de cet Etat, obtenue par voie diplomatique, excepté dans les cas de force majeure. Chaque Etat représenté dans la Commission aura le droit d'avoir deux navires de guerre légers aux bouches du Danube, comme stationnaires et il sera permis à ces navires d'aller en amont jusqu'à Braïla sans aucune autorisation. Il est reconnu, aussi, à ces bâtiments, tous les privilèges accordés ordinairement aux navires de guerre.

Le régime juridique et politique du Danube est complété par la Convention de navigation sur le Danube, qui constitue la troisième partie de la Convention spéciale intervenue entre la Roumanie, l'Allemagne et l'Autriche-Hongrie. L'Allemagne et l'Autriche, s'assurent dans l'art. 1er un traitement égal à celui de la Roumanie, et même plus favorable, pour les navires, les armateurs et les chargements.

A l'art. 2, les parties contractantes s'assurent la jouissance publique des rives de leur territoire, des ports, des lieux de chargement et elles prévoient des affermages réciproques de terrains sur la rive du Danube.

Mais à l'alinéa C de cet article, les auteurs du traité ont soin d'imposer à la Roumanie des conditions d'affermage unilatérales, en faveur de l'Allemagne et de l'Autriche-Hongrie.

Le gouvernement de la Roumanie, est-il dit à l'alinéa C, mettra à la disposition des entreprises de navigation fluviale allemandes, autrichiennes et hongroises, transportant régulièrement des personnes et des marchandises, par bail à ferme de trente ans, des terrains propres à la construction de magasins, bureaux, quais d'embarquement, dépôts et installations de chargement et de transbordement, ateliers de réparations, dépôts de charbon, etc., et les voies ferrées nécessaires à ces exploitations. A l'alinéa D, il est imposé au gouvernement roumain de régler ces questions aussitôt après la ratification et d'inviter les commissaires des gouvernements allemand, autrichien et hongrois, à prendre part à ces travaux, afin qu'ils puissent soutenir les intérêts de leurs sociétés de navigation, assurant ainsi un régime d'hégémonie nationale, avec colonisation également, sur tout le parcours du bas Danube, comme les Austro-Allemands le désiraient depuis longtemps.

Plus loin, à l'alinéa F de l'article 2, l'Allemagne prévoit que, aussi longtemps que la Roumanie vendra à l'Allemagne, à l'Autriche et à la Hongrie, l'excédent de ses céréales, l'Allemagne exploitera les élévateurs de céréales et de charbon qu'elle a établis dans les ports de Calafat, Corabia, Turnu-Magurele, Giurgievo et Oltenitsa, après quoi les installations en question devront être vendues à l'Etat roumain.

Dans l'exécution de l'article qui ouvre toutes grandes les portes à l'Austro-Allemagne pour la germanisation du bas Danube, les Allemands imposent à la Roumanie, par une convention spéciale, de leur affermer le chantier de Giurgievo et les Autrichiens, celui de Turnu-Severin. Conformément à cette convention, les Allemands s'assurent le terrain le meilleur du port d'hiver de Giurgievo pour leur chantier, ainsi que certains autres terrains spécifiés à l'article 1. Le bail à ferme est fait pour une durée de 40 ans avec le droit, pour l'Allemagne, de le renouveler deux ans avant son expiration. Le chantier disposera de tout le côté du port qui borde le fleuve et il peut agrandir le port d'hiver à ses propres frais.

L'Allemagne se réserve aussi le droit d'établir un chemin de fer entre Ramadan et le chantier, ainsi que la faculté de construire un pont roulant sur une ouverture de 15 mètres, pour y faire passer la voie ferrée, en cas de construction de canaux reliant le port d'hiver au canal Saint-Georges. Les Allemands ont aussi stipulé un délai de 5 ans pendant lequel l'importation des machines nécessaires à leurs installations sera exemptée de droits de douane.

Le gouvernement roumain s'assure une participation de capital de 30 0/0 dans le chantier et, dans le conseil d'administration, il aura une place et un droit de vote correspondant à sa participation. Le fermage annuel à payer au gouvernement roumain fut fixé à 8.000 lei, plus la four-

niture de matériaux destinés à la construction de bâtiments qui devaient remplacer ceux dont les Allemands
s'étaient emparés. La destination du chantier est définie à
l'article 12 qui met dans une vive lumière les buts visés par
les Allemands dans leur politique orientale. Le chantier
sera mis le plus rapidement possible en état d'exécuter les
réparations des machines agricoles, des locomobiles et,
outre les réparations, de pouvoir entreprendre même la
construction de ces machines, dans la mesure où les béné-
fices le permettront. Le chantier doit aussi installer une
cale pour la construction des bateaux et fournira les machines et les outils nécessaires.

Dans les dispositions finales de la convention, les Allemands mentionnent que celle-ci fait partie intégrante du
traité de paix et sera ratifiée comme telle. Les documents
pour la ratification devront être échangés à Vienne aussi
promptement que possible.

L'Autriche-Hongrie a suivi l'exemple de l'Allemagne ;
elle a demandé, et il a fallu lui donner, le chantier de Turnu-Severin. Les motifs fournis pour l'expropriation de
l'Etat roumain à cette occasion sont pleins d'intérêt :
« afin de réaliser — est-il écrit dans l'article 1er — les dé-
sirs justifiés de l'Autriche-Hongrie, qui doit posséder
une place sur le Danube, en aval des Portes de Fer, pour
réparer les navires », etc., les Roumains concèdent, par bail
à ferme, aux Austro-Hongrois et pour une durée de 30 ans,
le chantier de Turnu-Severin, avec ses annexes de la rive
du Danube et les eaux devant la frontière hongro-roumaine,
jusqu'au terrain du chantier, ce terrain y compris. La re-
devance annuelle est fixée à 1.000 lei, sans droit de sous-
louer à d'autres puissances ». L'Autriche-Hongrie se ré-
servait aussi le droit d'affermer les îles de Simian, Corbul
et Ostrovul-Mare et mentionnait que sur les lieux affermés,
les organes des autorités civiles et militaires roumaines ne
pourraient exercer leurs fonctions qu'avec l'autorisation de

l'administration du chantier. Comme pour l'Allemagne, il fut accordé à l'Autriche-Hongrie l'exemption des droits de douane pour tous les articles nécessaires à l'exploitation du chantier.

Le chantier de Turnu-Severin possède de nombreux avantages que lui donne la merveilleuse position du port. Pendant l'hiver, la rive gauche du Danube, devant le chantier, et plus en amont, sur une distance de 1.500 mètres, est protégée contre le gel, par suite de la conformation du lit du fleuve, lequel dirige le courant principal des eaux et entraîne les blocs de glace vers la rive droite, protégeant ainsi le port et le chantier. Cette situation favorable, et le fait que le Danube gèle très rarement, permet aux bateaux d'accoster et d'hiverner sur une distance d'environ 2 kilomètres, sans avoir besoin d'aménager un bassin ou un abri artificiel. Le chantier, ayant été racheté en 1883, s'est développé beaucoup depuis lors et a été relié par une voie ferrée à la gare qui se trouve dans le voisinage. La superficie occupée par le chantier est de 8 hectares. Le terrain est bordé par le Danube sur une longueur de 400 mètres. A cet endroit, des bateaux peuvent être construits et lancés.

Les ateliers, les magasins, les machines et les outils représentent une valeur approximative de deux millions de lei et le terrain un million. Le prix du fermage peut donc être considéré comme dérisoire ; la preuve en est le prix de sous-location obtenu pour une petite partie, cédée aux Allemands. Du chantier à la frontière hongroise, il y a 6 kilomètres et la partie concédée entre le Danube et le chemin de fer représente une superficie considérable.

La situation qu'a le chantier sur le Danube donne au terrain une valeur extraordinaire, attendu que pour un chantier semblable, une dépense de plusieurs millions serait nécessaire s'il fallait le construire en un autre endroit voisin du chemin de fer, avec les mêmes facilités d'accostage

et les mêmes possibilités d'hivernage. Il est à noter que,
bien que la convention interdise de sous-affermer à d'autres Etats, peu de temps après la signature de la convention, l'Autriche-Hongrie a été forcée par l'Allemagne de
lui concéder une partie du terrain du chantier, au prix de
400.000 marks, sans le consentement du gouvernement roumain. On dit que les considérations toutes-puissantes de
la politique poursuivie avec ténacité par l'empire d'Allemagne ont forcé l'Autriche-Hongrie à partager la proie
de Turnu-Severin avec la monarchie danubienne. Mais ce
n'est pas dans la question du prix de fermage obtenu pour
les chantiers que réside le danger et l'importance de la
convention arrachée à la Roumanie. Il faut les chercher
dans une autre direction d'une importance économique et
sociale plus considérable.

Dans les gigantesques efforts faits par la Roumanie pour
assurer son indépendance économique, Giurgievo et Turnu-
Severin, comme ports et chantiers, représentent, par leur
position géographique, pour la navigation roumaine, les
clés sans lesquelles la Roumanie ne peut effectuer aucun
transport régulier sur le Danube.

Leur perte, provenant de l'expropriation imposée par
l'Allemagne et l'Autriche-Hongrie, équivaut à l'éloigne-
ment des Roumains des centres les plus importants du
commerce danubien.

La colonisation allemande de Giurgievo et austro-hongroise de Turnu-Severin tend purement et simplement à
établir des colonies industrielles allemandes et autrichiennes, ayant pour but de monopoliser pratiquement l'industrie de la construction navale, des machines et des instru-
ments agricoles.

Ayant entre les mains le combustible, la construction et
la réparation des bateaux qu'ils emploieraient à leurs entreprises, les Allemands et les Autrichiens pourraient, en
peu de temps, atteindre le but qu'ils visent depuis environ

un demi-siècle : la possession effective du Danube. Avec le combustible et la construction des vaisseaux entre leurs mains, il serait difficile d'espérer le développement de la navigation roumaine sur le Danube.

Les effets ne se sont pas fait attendre en ce qui concerne la possession du combustible par les Allemands. Ils ont distribué ce combustible, en exceptant soigneusement les entreprises de navigation roumaine, ce qui a condamné la navigation fluviale sur le Danube à l'inactivité et l'a forcée à affermer ses parcs aux Allemands pour ne pas être en butte aux vexations : de fait elle se trouve complètement supprimée. Ce qui se passerait, si l'organisation complète des chantiers était un fait accompli, peut facilement s'imaginer.

En dehors de ces considérations, il ne faut pas perdre de vue que Giurgievo, par sa position géographique, est la clé de Bucarest. Elle serait entre les mains du germanisme colonisateur établi là et dont elle dépendrait. La vie politique et économique de la capitale roumaine en serait gravement atteinte.

IV. — CONCLUSIONS

Nous avons vu que le traité de Berlin, les conventions
ultérieures conclues sur la base de ce traité, et toute l'ac-
tion de l'Autriche-Hongrie et de l'Allemagne ont tendu à
ruiner l'œuvre de 1856, qui a appliqué au Danube le fécond
principe de la liberté de la navigation sur les fleuves internationaux, principe formulé en 1815 et introduit dans le
droit international public et auquel les intérêts européens, et partant les intérêts roumains, sont si étroite-
ment liés.

C'est précisément pour faire du Danube une artère commerciale mondiale, également utile à tous les riverains et
destinée à servir l'intérêt de pénétration des non-riverains,
que le législateur de 1856 a prévu, avec beaucoup de raison,
la création d'une Commission riveraine, chargée de l'entretien de la navigation sur le Danube continental depuis
Isaccea jusqu'à Ulm, et la création d'une Commission Européenne du Danube pour la navigation maritime.

Cependant la Commission riveraine prévue par l'art. 56
du traité de Paris et qui aurait eu la mission de parachever
l'œuvre d'intérêt commun européen sur le haut Danube,
n'a pas même pu commencer à fonctionner. C'est que
ni l'Allemagne, ni l'Autriche-Hongrie n'ont voulu, pour
des considérations d'antagonisme politique et économique,
comprendre le large esprit de la conception du législateur
de 1856, tendant à faire du Danube continental l'artère

commerciale que sa situation géographique le prédestinait à être. L'une et l'autre auraient voulu participer à une Commission riveraine pour le cours du Danube, depuis Isaccea — plus tard depuis Galatz-Braïla — jusqu'aux Portes de Fer, portion sur laquelle elles n'étaient même pas riveraines; mais elles s'opposaient de toutes leurs forces à ce que l'autorité de cette Commission s'étendît aussi à la portion allant des Portes de Fer à Ulm. C'est pour cela que l'œuvre technique, nécessaire pour transformer le chenal du Danube continental en une voie navigable utilisable en grand, n'a pas pu être achevée. Aussi le problème, pour cette partie du Danube, est, aujourd'hui comme en 1856, d'écarter les difficultés que rencontre la navigation sur le cours de son chenal, à cause de la négligence qu'on a mise à les faire disparaître. Le régime moyenâgeux des Portes de Fer gêne également l'intérêt de pénétration de nos riverains, de même que l'absence d'un régime uniforme de navigation et de police fluviale.

Pour la partie maritime de ce fleuve, c'est-à-dire les bouches du Danube, depuis Braïla jusqu'à Sulina, l'on a trouvé une solution heureuse dans le régime qu'y a établi l'Europe, en instituant la Commission Européenne du Danube et dans l'œuvre grandiose que celle-ci y a réalisée au cours d'un demi-siècle.

Avant la création de la Commission Européenne, c'est à peine si des bateaux jaugeant 200 tonnes remontaient les bouches du Danube. Aujourd'hui, grâce à l'œuvre technique, qui a porté la profondeur du canal de Sulina de 2 m. 40, qu'il avait avant 1800, à 7 m. 50, des navires jaugeant jusqu'à 8.000 tonnes y peuvent naviguer. De même, le fret qui était en 1865 de 3 fr. 50 par tonne de registre net, est descendu aujourd'hui, grâce à cette institution, à 1 fr.10, 1 fr. 70 par tonne.

Sous l'influence bienfaisante exercée par cette œuvre européenne, la production agricole de la Roumanie a pris un essor considérable. La surface cultivée du pays est passée de 1.998.000 ha. en 1862, à 4.318.930 ha. en 1900.

L'exportation du pays, qui était en 1860 de 116.000.000 de lei, est montée, en 1911, à 700.000.000. Et comme conséquence de cette force de production de la Roumanie, l'importation est montée de 62.718.000 de lei en 1860 à 570.000.000, soit un total général qui, de 178.000.000 de lei environ, montant de l'importation et de l'exportation du pays en 1860, passe à 1.400.000.000 en 1912; sur ce chiffre, le trafic sur mer par les bouches du Danube représente 706 millions.

Ainsi donc, les pays du bassin du bas Danube, et le commerce international en général, ont trouvé dans cette œuvre un incontestable avantage.

A considérer les résultats des expériences faites jusqu'à présent dans la question des bouches du Danube, la Commission Européenne a fait la preuve de sa vitalité. L'intérêt du commerce qui se fait là exige seulement que son organisation soit mise en harmonie avec les intérêts de l'Etat territorial. C'est une nécessité qui s'impose aussi bien par le besoin d'unifier le régime du Danube, que pour ménager le sentiment de dignité d'un Etat souverain qui se trouve en un progrès universellement reconnu.

*
* *

Le problème ainsi posé, consisterait à transformer le Danube, sur tout son parcours navigable, depuis Ulm jusqu'à Sulina, en une voie commerciale également utile à tous les riverains, ainsi qu'à l'intérêt de pénétration de non-riverains, intérêts qui sont ceux de la vie économique et politique de la Roumanie.

La séparation du cours du Danube en « Haut-Danube » et en « Bas-Danube », ayant chacun une Commission séparée n'a pas été, l'expérience l'a montré, une solution heureuse.

Si, aux bouches du Danube, la Commission Européenne a pu accomplir une œuvre magnifique, cela est dû à l'équilibre des forces européennes qui a présidé à la constitution de cette Commission et qui a permis de réaliser, sans solution de continuité et en toute tranquillité, cette œuvre si utile pour tous les intérêts en jeu.

Cet équilibre de forces entre riverains, qui garantit à tous, également, la défense de leurs intérêts de souveraineté et d'indépendance économique et politique, n'ayant pas pu être obtenu, la création de la Commission riveraine n'a pas été possible non plus, bien que le traité de Paris eût prévu qu'elle était une institution permanente devant remplacer la Commission Européenne créée, au début, à titre purement provisoire.

La solution ne peut être qu'unique et elle s'impose par la force des choses : c'est de compléter la Commission Européenne, qui a fait preuve de vitalité et de compétence, par tous les Etats riverains, non représentés aujourd'hui.

Le rôle de cette « Commission Continentale et Européenne du Danube », dans la protection des intérêts, aussi bien continentaux que maritimes, serait principalement :

1) De fixer et contrôler l'exécution des travaux nécessaires à la navigation du Danube sur tout son cours navigable depuis Ulm jusqu'à Sulina, travaux réclamés par l'intérêt général, mais sans s'occuper des travaux devant être exécutés dans les ports;

2) D'élaborer des règlements pour la navigation et la police fluviale sur tout le Danube et de veiller à leur

exécution, mais dans l'esprit et avec le respect de la souveraineté des Etats riverains et sous réserve du maintien du trafic national local d'un port à l'autre;

3) De fixer et de percevoir des taxes pour l'amortissement du prix des travaux exécutés et pour la couverture des frais d'entretien et d'administration de ces travaux, en mettant à cet effet à contribution, non seulement les Etats représentés dans la Commission, mais aussi les autres Etats intéressés au commerce du Danube;

4) D'approuver les travaux de construction et de consolidation concernant la navigation, que les Etats riverains désireraient exécuter, chacun dans la partie du Danube lui appartenant et à ses propres frais, travaux qui ne seraient pas reconnus par la Commission comme étant d'un intérêt général.

L'importance des résultats, d'une incontestable utilité, que la Commission Européenne a su assurer au commerce local et international aux bouches du Danube, ainsi que l'expérience qu'elle a accumulée en matière de navigation sur le Danuve, exigent impérieusement que cette Commission collabore à l'achèvement de l'œuvre technique de la navigabilité du Danube.

Une pareille création est d'ailleurs dans l'esprit de la convention de Vienne et du traité de Paris.

Ces deux traités internationaux, en décrétant la liberté de la navigation sur le Danube, n'ont pas entendu la réserver aux seuls riverains, mais aussi à n'importe quel autre pavillon.

Par conséquent, la navigation sur le Danube ne constitue pas un apanage des riverains et il est naturel que

l'autorité appelée à parachever et à surveiller l'œuvre
technique et la police fluviale nécessaire sur tout le cours
navigable du Danube soit établie par une heureuse collaboration de tous les Etats également intéressés au commerce
et à la navigation sur le Danube.

*
* *

Quelque satisfaisante que soit la solution du problème
de la navigation sur tout le cours du Danube continental,
nous ne devons oublier à aucun moment ce que la cruelle
réalité des événements actuels nous fait ressentir
d'une façon si rigoureuse, à savoir que les bouches
du Danube et le commerce qui s'y fait sont en fonction
directe du régime des détroits du Bosphore et des Dardanelles.

L'œuvre européenne des bouches du Danube ne signifie
rien, au point de vue de l'intérêt maritime, si les détroits
sont fermés.

Ce qui s'est passé, depuis que la Turquie avait fermé cette
route du commerce mondial du Bosphore et des Dardanelles, fixe suffisamment le cadre du problème pour l'avenir : la Russie, la Roumanie et toutes les nations qui ont
accès à la mer Noire seraient dans l'impossibilité de faire
leur commerce d'importation et d'exportation avec le reste
du monde.

La Roumanie, particulièrement, serait réduite à une
quasi-vassalité économique et condamnée à n'exister qu'en
fonction des puissances de l'Europe centrale.

Son indépendance économique et même politique serait
compromise et ses chaînes ne sauraient être brisées que
par l'établissement au Bosphore et aux Dardanelles d'un
régime international de nature à défendre et à protéger,
à l'avenir, les grands intérêts communs de l'Europe qui

sont en souffrance aujourd'hui, tout comme ceux de la Roumanie.

Voilà pourquoi nous estimons que c'est un régime de surveillance internationale qui s'impose, aussi bien au Bosphore qu'aux Dardanelles.

En tout cas il faut, quel que soit le régime qu'on instituerait demain au Bosphore et aux Dardanelles, ne pas tolérer que, dans sa conception et sa réalisation, on passe outre aux intérêts de la Roumanie.

Et c'est pourquoi la Roumanie doit avoir sa place dans cette institution internationale, qui est appelée à exercer une influence décisive, non seulement sur le développement économique du royaume, mais aussi sur son existence d'Etat libre et indépendant.

TABLE DES MATIÈRES

Imp. Dubois et Bauer, 34, rue Laffitte, Paris.